韓祝齡篆刻

『十四五』國家重點圖書出版規劃項目
津沽筆記史料叢刊第十二種
主編　王振良

天津朱卷集成

（二）

劉宗江　編

天津出版傳媒集團
天津古籍出版社

欽命四書詩題

趙鑾揚

字子清號芷卿行四道光丁未年六月初三日吉時生直隸天津府天津縣廩膳生民籍丙戌會試謄錄現任國子監助教 記名同知著有十三經述聞廿四史述聞諸子述聞小學述聞玉函輯佚刊誤補遺

始祖亮 明洪武科明經進士任河南懷慶府通判原籍安徽徽州府歙縣永樂二年定籍於順天府武清縣

十二世祖禹 明邑庠生候選訓導

十一世祖堂 明歲貢生候選教諭

十世祖倉 明郡庠生

九世祖宗仁 明邑庠生

八世祖邦甯 明附貢生順治初年始遷

六世叔祖嗣芥 邑庠生

五世伯叔祖珍 邑庠生 琳 邑庠生 琛 邑庠生覃恩貤贈文林郎浙江嚴州府桐廬縣知縣 瑛 增廣生議敘縣丞置義田惠宗族事詳長蘆鹽法志 璉 邑庠生 瓚 太學生 琯 太學生 琠 邑庠生 洽 太學生 潛 太學生候選州同 歐 邑庠生 仲 康熙壬午舉人誥贈奉政大夫四川邛州知州 董 康熙己卯舉人 晶 太學生

從堂伯叔高祖桂 廩膳生 本 邑庠生 棫 增廣生 楷 邑庠生 椿 太學生 檢 太學生 臻隆 康熙己酉武舉庚戌聯捷武進士欽點御前侍衛選授江西橫岡營都司誥授昭武都尉 履亨 康熙丁酉舉人丁未會試明通直隸正定府井陘縣教諭癸丑

一

天津府天津縣

七世祖承業 明歲貢生樂善好施事詳邑志

六世祖嗣晉 增廣生長厚稱於鄉里事詳邑志

五世祖瓚 邑庠生

高祖杲 郡庠生 覃恩貤贈奉直大夫太醫院院判加一級

高祖妣氏葉 太學生諱溥公女 覃恩貤贈太宜人

曾祖大昕 太學生 覃恩誥贈奉直大夫太醫院院判加一級

進士欽點即用知縣 溫 康熙壬寅舉人雍正癸卯聯捷進士欽點主事選授四川邛州直隸州知州陞任山東登萊青兵備道誥授中憲大夫 東秀 乾隆己卯副榜戊午舉人壬申進士欽點即用知縣 佑璽 乾隆庚子舉人 杉 乾隆辛酉舉人壬戌聯捷進士候選知縣

堂伯叔高祖桓 太學生 南英 邑庠生 樾 邑庠生 麓 太學生誥贈振威將軍福建汀州鎮總兵 棠 增廣生

嫡堂伯叔高祖梁 廩膳生 楫 太學生候選州同 棟 郡庠生 植 廩膳生 樞 太學生候選州判 覃恩敕贈文林郎浙江湖州府安吉縣知縣 桊 太學生 松 歲貢生著有偶存詩集待梓詩見津門詩鈔 柏 太學生 栗 太學生

胞伯叔高祖桐 太學生 瀠 郡庠生 易 候選從九品 星 增廣生 旭 候選從九品

從堂伯叔曾祖大年 邑庠生 大才 太學生誥贈振威將軍福建汀州鎮總兵

大發 大爾 邑庠生 大恩 大升 太學生 大全 光照

曾祖妣氏靳太學生諱枚公女覃恩
誥贈太宜人
氏宣邑庠生諱煜公女覃恩
誥封太宜人
祖坮太學生候選布政司經歷敕封儒林郎覃恩貤贈奉政大夫國子監助教加五級
祖妣氏梅太學生候選典史諱逢安公女太學生河南候補河工縣丞諱鼎公太學生諱汝蘭公胞姊太學生名士謙郡增生名士俊胞姑母敕封安人覃恩貤贈太宜人
父熾昌太學生候選布政司理問敕封儒

乾隆庚辰舉人光燾邑庠生
堂伯叔曾祖大觀恩賞八品頂戴　大啟邑庠生　大汞　大任郡庠生繼娶孫氏欽
旌節孝事詳邑志　大登太學生　大有　大智乾隆丙午恩貢生候選教諭　大謙增廣生　大紱　大經太學生　大綬太學生嘉慶元年恭遇
覃恩入千叟宴
欽賜壽杖綢帛荷包貂皮並
御製詩章貤封中憲大夫山東曹州府知府　大綸乾隆戊子副榜考取鑲藍旗官學教習歷任浙江嚴州府桐廬縣知縣湖州府安吉縣知縣衢州府同知
誥授奉政大夫　大嚴太學生　大鯤邑庠生　大崙候選縣主簿　大山太學生
嫡堂伯叔曾祖大漳太學生　大文　大輅　大紳候選從九品　大儒候選州吏目　大咸候選巡檢　大熊　大鎣　大端候選巡檢
胞叔曾祖大慶候選從九品　大猷候選從九品覃恩誥封奉直大夫太醫院院判

林郎覃恩誥贈奉政
大夫國子監助教加五
級

母氏李 太學生諱寶善公
女太學生候選縣
丞諱積善公候選從九
品諱樂善公胞姪女候
選從九品諱衍慶公胞
姊道光壬辰恩科經
魁揀選知縣諱怡慶公
太學生分省補用知縣
欽加五品銜賞戴
藍翎諱兆慶公嫡堂姊
太學生名鳳翥胞姑母
太學生候選州判名鳳
祥候選守備賞戴花
翎名呈祥嫡堂姑母
敕封安人覃
恩誥贈太宜人覃
氏陸 敕封安人 覃
恩誥贈太宜人
氏王 覃恩誥
封太宜人

從堂伯叔祖 驤 翰林院典簿 驪 璽 星 清 馳封武顯將軍福建北
路協副將 璉 道光丁酉武亞元庚子武進士欽點御前侍衛歷任福建泉州中軍守備督標
中營都司提標左營遊擊邵武營參將臺灣北路
協副將鎮守福建汀延邵等處地方總兵官在廣
東虎門軍功賞戴花
翎誥授武顯將軍 澄 武庠生 馳封武翼都
尉花翎御前侍衛
溶 花翎誥封武功將軍御前侍衛 城 鈞 詩伯 詩仲 塘
坦 埔 酯 太學生 坡 均 培 壎 廷垿 太學
生 墉 太學生候選布政司經歷覃恩誥贈中議
大夫鹽運使銜山東曹州府知府恩賞二
品封典晉贈資政大夫 墢 太學生覃恩敕贈文
林郎山西偏關縣知縣 圻 生太學 埰
太學生實錄館校 堉 埏 壼 增 墀 埒
錄山東候補縣丞
華 塏 坤 奎 長弼 太學生 汝璧 汝淮
汝江 太學生 汝漢 六品頂戴 治平 太學生 馳贈奉政大
夫廣西桂林府同知
恩賞二品封典
晉贈資政大夫 連晟 增廣生 敕封修職郎直
隸大名府魏縣鄉學訓導

二

治安 鳳岡候選從九品

堂伯叔祖恩甲太學生 恩浩 恩多 恩淑太學生 恩元早逝

元配王氏欽旌節孝事詳邑志 恩滿 恩芝 恩印 恩第候選從九品 墅 𡏅 健 億

嫡堂叔祖墳 壏

胞叔祖麗生考取太醫院醫士補授吏目陞任御醫署理院判嘉慶年間迭蒙恩賞福字壽杖綢帛等件覃恩敕授承德郎出嗣胞叔曾祖

從堂伯叔榮湘 榮貴 榮魁 榮誠 榮德 榮久

元配李氏孝養翁姑事詳邑志 榮來 榮由 榮祥 榮之太學生

榮祿太學生 榮壽 榮昌 榮恩 之鋭 之鈹

之鏞 汝蘭太學生 之鐘太學生候選布政司經歷貤封朝議大夫山東曹州府知府

之鐸太學生覃恩誥封中議大夫鹽運使銜山東曹州府知府恩賞二品封典

繼慈侍下

庭訓

業師謹依受業先後恭誌

堂兄晴嵐夫子諱新

表叔梅小雅夫子諱汝鈺邑庠生

胞兄琴軒夫子諱鑾印和

胡珊舫夫子印以震歲貢生候選訓導

嫡堂叔鳳占夫子印炳光

表叔梅香垞夫子諱之楨道光己酉咸豐乙卯兩科副榜考取八旗官學

教習候選知縣

課師

蘇鐵珊夫子 印霖瑞 咸豐己未舉人前天津縣學教諭

張雷門夫子 印震 道光丁酉舉人前天津縣學教諭

陳萬門夫子 諱兆熊 道光甲辰舉人前天津縣學訓導

吳傳岩夫子 諱士俊 道光癸巳進士前湖南長沙府知府主講輔仁書院

馮桐君夫子 諱向榮 道光壬辰舉人前新河縣教諭主講輔仁書院

晉封資政大夫萬清 邑庠生恩賞五品封典誥封奉政大夫 德榮 貤封奉直大夫山東德州知州 恩榮 嘉慶癸酉舉人道光丙戌會試大挑一等分發山西歷署代州直隸州崞縣解州直隸州夏縣太原府徐溝等縣知縣補授甯武府偏關縣知縣署朔州知州敕授文林郎 晉榮 之鉽 太學生 之鈐 鼎銘 太學生候選從九品 恩賞五品封典誥封奉政大夫 榮春 榮泰 榮樹 太學生 榮棨 榮懷 榮印 覃恩誥封昭武都尉候補都司 榮棠 候選從九品 榮翔 向榮 候選從九品 錫疇 太學生河南候補通判欽加四品銜賞戴花翎 恩賞二品封典誥封資政大夫 錫祺 太學生候選布政司理問軍功欽加五品銜賞戴藍翎 覲榮 附貢生大名府魏縣鄉學訓導敕授修職郎 顯榮 候選從九品 世榮 世昌 候選從九品 萬芳 太學生候選縣丞欽加同知銜 萬春 武庠生 萬選 同治庚午武舉署景州汛把總調署蔡村汛把總賞戴藍翎 萬鵬 軍功保舉儘先千總欽加五品銜賞戴藍翎 萬馨 萬英 萬官 萬印

吳霖宇夫子 諱惠元 道光甲辰
翰林前雲南鹽法道主講輔仁書院

沈雲巢夫子 謚文和 嘉慶丁丑
翰林前浙江布政使司布政使主講輔仁書院

蕭質齋夫子 諱培元 咸豐壬子
翰林前山東濟東泰武臨道主講問津書院

王芷汀夫子 諱埜 道光乙未進士
前宗人府主事主講問津書院

程容伯夫子 諱恭壽 道光己亥
舉人前太僕寺卿主講金臺書院及問津書院

李鐵梅夫子 諱嘉端 道光己丑
翰林前安徽巡撫主講問津書院

萬榮 萬源 光緒乙酉武舉 萬溥 萬章 貤封昭武都尉花翎御前侍衛 萬忠 光緒己卯武舉庚辰聯捷武進士欽點花翎御前侍衛期滿候選遊擊

堂叔榮鏡 榮瑕 河南候補州吏目欽加理問銜 榮顯 榮紱

榮烽 廣西上思州吏目敕授登仕佐郎

嫡堂叔榮錩 榮銹 敏昌 敬昌 龍光 太學生議敘縣丞 彥清 太學生浙江候補縣丞 鈞昌 太學生 元昌 炳光 同治甲子舉人考取覺羅官學鑲黃旗教習又考取國史館漢謄錄議敘知縣考取內閣供事選授浙江金華府義烏縣

胞叔紀昌 典史敕授登仕佐郎出嗣胞叔祖
元配饒氏欽旌節孝

從堂弟兄斯孚 斯和 斯信 聯元 金元 候選從九品

景元 太學生 德元 太學生 澍 武庠生 德源 德成 玉寶

軍功六品銜賞戴藍翎 聯第 太學生 聯捷 聯甲 軍功六品銜 連城

王雲軒夫子 諱繼廷 道光庚戌進士前山東青州府知府閣問津書院官課卷

吳定生夫子 諱善寶 同治癸亥進士前直隸候補道閱問津書院官課卷

年伯胡小蘧夫子 諱家玉 道光辛丑探花前都察院左副都御史主講金臺書院

黃漱蘭夫子 印體芳 同治癸亥翰林前禮部左侍郎主講願學堂

劉硯山夫子 印傑 前天津縣知縣

蕭廉甫夫子 印世本 同治癸亥翰林前天津縣知縣

太學生桂芬 太學生候選布政司理問長椿 太學生家模 家楹 增貢生家楨 家棟 新 道光癸卯舉人咸豐癸丑會試大挑一等分發山東歷署武定府利津縣臨清直隸州武城縣濟南府長清縣等縣知縣補授濟南府鄒平縣知縣陞授德州知州卓異加一級署沂州府知府補授曹州府知府總辦河南歸德官運局鹽務保薦卓異山東遇缺儘先即補道咸豐己未同治壬戌山東鄉試同考官庚午山東鄉試內監試 欽加鹽運使銜 賞戴花翎 誥授中議大夫 瀛 湖州蘄州吏目陞用縣丞 敕授修職郎 沅 山東候補庫大使 賞戴藍翎 恩賞五品封典 誥封奉政大夫 吉常 候選從九品 吉士 太學生

聯輝 聯芳 瀚 瀾 軍功六品銜 湘 太學生 嘉麟 邑庠生

慶蕃 太學生前選廣西南甯府同知現任桂林府同知署平樂府知府越南邊防保舉在任候補知府大計卓異前護廣西巡撫李保薦賢員奉 特旨嘉獎 允 太學生前選四川敘州府高縣知縣改選山東濟南府禹城縣知縣署曹州府范縣知縣調補萊州府濰縣知縣 欽加同知銜河工出力保舉知府用即補同知直隸州 賞戴花翎 誥授奉政大夫 慶瀛 附貢生 前山東

錢修伯夫子 印敏 前天津縣知縣

任石泉夫子 印爾會 前天津縣知縣

王樸臣夫子 諱炳燮 光緒丙子進士前天津縣知縣

李鐵帆夫子 印睪 前天津府分府

彭春圃夫子 諱瑞麒 前天津府分府

錢爽泉夫子 諱墱 前天津府分府

何峻生夫子 印崧泰 咸豐丙辰進士前天津府分府

雒口批驗所大使署永阜鹽場大使現任兩淮栟茶鹽場大使兼署掘港鹽場大使大計卓異候陞知縣防河保舉欽加同知銜賞戴花翎 慶和 候選典史 慶捷 考取內閣供事國史館議敘府經歷 慶頤 邑庠生 慶霖 江蘇試用從九品 慶源 緝祖

光祖 慶瀚 慶豫 慶福 候選千總軍功五品頂戴 慶雲

太學生考取漢謄錄現任山東郯城縣典史 復有 候選從九品 復壽 軍功六品銜隨營出力遞保把總千總守備儘先郎補都司欽加三品銜賞戴花翎 復發 軍功六品銜

鏞 鑑 翰 禮 義 綸 麟 鑾第 鑾弼

鑾書 錡 俱業儒

堂兄弟 德招 德泰 德興 鉁 即補千總 虎臣 天津鎮標左營候補千總在連鎮陣亡附祀天津昭忠祠 慶衍 四川合江縣典史陞四川候補通判 慶林 太學生

堯佐 堯卿 堯臣 候選從九品 舜臣 弼臣 俱業儒

堯俊 堯福 益臣

五

歷屆

年伯陳襄夔夫子諱錫麒同治壬戌進士前天津府分府
吳曉蒼夫子印中彥前天津府分府
張翰泉夫子諱光藻咸豐丙辰進士前天津府知府
馬松圃夫子諱繩武前天津府知府
李雲笙夫子諱同文道光壬辰舉人前天津河間兵備道
周琳粟夫子諱家勳道光己酉舉人前天津河間兵備道

胞兄鑾和邑庠生貤封奉政大夫國子監助教 鑾章出嗣胞叔早逝元配王氏守節待旌 鑾華太學生
從堂姪世勳 世承 維勳太學生 鴻勳太學生 建勳太學生
世俊 世煐武庠生 世楨 世雄 世輔 世恩
世堃 世弼 世銘 世清太學生山東候補鹽大使 世溶太學生
世溥幼讀 世澤 世澐候選從九品 世潤 世煊
世燄 世烺 世輝 世焱太學生 世熊 世焴
世會同治甲子舉人考取咸安宮官學漢教習內閣額外中書光緒丁丑進士欽點翰林院庶吉士
世廉候選縣丞保陞山東鹽大使欽加五品銜賞戴花翎 世蔭守禦所千總銜
世裕鹽大使銜賞戴藍翎早逝娶楊氏守節待旌 世武太學生考取國史館漢謄錄
世和 世鈞 世勛候選從九品 世文 世興
世洼 世方 世安 世章 世鈐 世杰太學生

丁樂山夫子諱壽昌前天津河間兵備道

吳春帆夫子印贊誠道光己酉拔貢前天津河間兵備道

年伯劉崑圃夫子諱秉琳咸豐壬子進士前天津河間兵備道

陳子敬夫子印欽咸豐壬子舉人前津海關道

孫竹亭夫子印士達前津海關道

黎召民夫子印兆棠咸豐丙辰進士前津海關道

世華　勵會太學生考取國史館漢謄錄選授浙江雙穗鹽場大使　敬會貢生

守會候選同知改選員外郎　法會業儒　效會　世鐸　世延

世洪　鴻銘　祖深　祖仁　鴻順　世卿俱幼

讀

胞姪世葆

從堂姪孫以咸　以芳　以湕　以信　以敬邑庠生

以升　以惠　以忠　以恕　以懃　以昇俱幼讀

以明　以寬太學生　以運　以報　以賢從九品銜　以官

以德　以仁俱幼

從堂姪曾孫仲元幼讀

娶李氏太學生誥贈奉直大夫諱渤公曾孫女太學生貤贈奉直大夫諱樹基公孫女稟貢生直隸藁城縣訓導嘉慶庚申舉人歷任四川屏山銅梁等縣知縣道光辛巳四川鄉試同考官諱

華亭夫子諱克明道光甲辰翰林前長蘆鹽運使司鹽運使

雲舫夫子諱恒慶前長蘆鹽運使司鹽運使

雲峰夫子諱恩福前長蘆鹽運使司鹽運使

覺羅子中夫子印成孚前長蘆鹽運使司鹽運使

祝爽亭夫子諱塏道光丁未進士前長蘆鹽運使司鹽運使

林綬卿夫子印述訓道光庚戌進士前長蘆鹽運使司鹽運使

長請公姪孫女候選守禦所千總諱嘉言公女附貢生安徽宿州州判歷署定遠靈璧等縣知縣諱葆謙公胞姪女廣西羅城縣縣丞兼署羅城縣知縣諱光籙公湖北候補縣丞諱柏年公郡庠生諱光謙公藍翎同知銜甘肅寧朔縣知縣諱慶陽公廣東曲江縣典史諱光恩公嫡堂姪女郡增生諱中孚公候選縣主簿諱益謙公廩膳生諱觀公堂姪女太醫院醫士名承惠候選從九品名承厚胞妹附貢生五品銜候選從九品名仲平歲貢生候選訓導名叔泰嫡堂妹邑庠生名兆蓉咸豐乙卯舉人五品銜直隸清河縣教諭名秉璋附貢生運同銜名運昌堂妹光緒乙亥舉人考取覺羅八旗官學漢教習名春棣附貢生候選同知名春穠光緒乙酉舉人考取國子監學正學錄名春澤堂姑母

子

女貞蘭未字歿　貞蕙未字歿割股待旌

冠九夫子諱如山道光戊戌翰林前長蘆鹽運使司鹽運使

年伯地山夫子印崇厚道光己酉舉人前長蘆鹽政三口通商大臣

董醖卿夫子諱恂道光庚子進士前順天府府尹

太世叔李藻舟夫子諱朝儀道光乙巳進士前順天府府尹

年伯萬藕舲夫子謚文恪道光庚子翰林前吏部尚書兼管順天府府尹事務

受知師

楊詒堂夫子諱式穀道光辛丑翰林前提督順天等處學政

夏子松夫子謚文襄咸豐丙辰翰林前提督順天等處學政

錢湘吟夫子諱寶廉道光庚戌翰林前提督順天等處學政

李少荃夫子印鴻章道光丁未翰林現任直隸總督太子太傅文華殿大學士一等肅毅伯

黃植庭夫子印槐森同治壬戌翰林現任廣西布政使光緒乙亥恩科順天鄉試同考官

徐蔭軒夫子印桐道光庚戌翰林現任吏部尚書協辦大學士光緒乙亥恩科順天鄉試大主考

殷譜經夫子 諱兆鏞 道光庚子翰林前吏部右侍郎光緒乙亥恩科順天鄉試大主考

文山夫子 印崇綺 同治乙丑狀元前吏部右侍郎三等承恩公光緒乙亥恩科順天鄉試大主考

毛煦初夫子 謚文達 道光乙巳翰林前吏部尚書光緒乙亥恩科順天鄉試大主考

陸鳳石夫子 印潤庠 同治甲戌狀元現任國子監祭酒光緒癸未科會試同考官

唐春卿夫子 印景崇 同治辛未翰林現任翰林院侍讀光緒丙戌科會試同考官

會怡莊夫子 印樹椿 光緒丁丑進士現任安徽鳳陽府知府光緒己丑科會試同考官

陳蓉曙夫子 印適聲 光緒丙戌翰林現任翰林院編修本科會試同考官

李苾園夫子 印端棻 同治癸亥翰林現任刑部右侍郎本科會試大總裁

宗室愼齋夫子 印霍穆歡 咸豐丙辰進士現任內閣學士兼禮部侍郎銜本科會試大總裁

祁子禾夫子 印世長 咸豐庚申翰林現任工部尚書本科會試大總裁

翁叔平夫子 印同龢 咸豐丙辰狀元現任戶部尚書管理國子監事務本科會試大總裁

沈經笙夫子 謚文定 道光丁未翰林前兵部尚書協辦大學士管理國子監事務

錢辛伯夫子 印 桂森 道光庚戌翰林前國子監司業

汪柳門夫子 印 鳴鑾 同治乙丑翰林現任工部左侍郎前國子監司業

張香濤夫子 印 之洞 同治癸亥探花現任湖廣總督前國子監司業

周生霖夫子 諱 德潤 同治壬戌翰林前國子監司業

王爾玉夫子 印 邦璽 同治乙丑翰林前國子監司業

徐東園夫子 印 會澧 同治戊辰翰林現任內閣學士兼禮部侍郎銜前國子監司業

潘嶧琴夫子 印 衍桐 同治戊辰翰林現任翰林院侍讀學士前國子監司業

臧景傳夫子 印 濟臣 同治辛未翰林現任翰林院侍講前國子監司業

丁桐生夫子 印 立幹 同治戊辰翰林現任翰林院侍讀學士前國子監司業

陳梅郵夫子 印 秉和 同治辛未翰林現任詹事府右庶子前國子監司業

吳介堂夫子 印 講 同治甲戌翰林現任翰林院侍講學士前國子監司業

王心齋夫子 印 祖光 同治辛未翰林現任浙江杭嘉湖兵備道前國子監司業

馮聯棠夫子 印文蔚 光緒丙子探花現任詹事府右庶子前國子監司業

吳燮臣夫子 印樹梅 光緒丙子翰林前國子監司業

陳書玉夫子 印夢麟 同治辛未翰林前國子監司業

李允齋夫子 印培元 同治戊辰翰林現任司經局洗馬前國子監司業

張少玉夫子 印仁黼 光緒丙子翰林現任國子監司業

迪甫夫子 印榮惠 現任內閣學士兼禮部侍郎銜前國子監司業

子開夫子 印文興 現任盛京禮部侍郎前國子監司業

松年夫子 印郭勒敏布 前國子監司業

曉川夫子 印奎明 前國子監司業

佑之夫子 印啓 現任內閣侍讀學士前國子監司業

益之夫子 印文增 現任內閣侍讀學士前國子監司業

節之夫子 印多歡 現任國子監司業

宗室子修夫子 印 良貴 同治壬戌翰林前國子監司業

舜臣夫子 諱 治麟 光緒丁丑翰林前國子監司業

蓺堂夫子 印 崇文 咸豐庚申進士前國子監司業

安甫夫子 印 闊普通武 光緒丙戌翰林現任國子監司業

張子騰夫子 印 家驤 同治壬戌翰林前國子監祭酒

王益吾夫子 印 先謙 同治乙丑翰林前國子監祭酒

劉叔陶夫子 諱 廷枚 同治戊辰翰林前國子監祭酒

龍芝生夫子 印 湛霖 同治壬戌翰林現任內閣學士兼禮部侍郎銜前國子監祭酒

張鎮卿夫子 印 英麟 同治乙丑翰林現任奉天府丞兼學政前國子監祭酒

王雲舫夫子 印 文錦 同治辛未翰林現任內閣學士兼禮部侍郎銜前國子監祭酒

茀亭夫子 印 景善 同治癸亥進士現任禮部右侍郎前國子監祭酒

宗室杏邨夫子 印 桂昂 同治壬戌進士前國子監祭酒

楓廷夫子 印 恩棠 咸豐癸丑進士前國子監祭酒

宗室伯熙夫子 印 盛昱 光緒丁丑翰林前國子監祭酒

竹岡夫子 印 鳳鳴 同治甲戌翰林現任理藩院左侍郎前國子監祭酒

儉齋夫子 印 薩廉 光緒庚辰翰林現任國子監祭酒

乙亥恩科 鄉試中式第二百九名

覆試二等第三十二名

丙戌 會試挑取謄錄第十八名

會試中式第二百三十八名

覆試二等第四十二名

殿 試 三 甲

朝 考 三 等 奉

旨著以原班用

族繁不及備載

世居天津西門內

會試硃卷 光緒壬辰科

中式第二百三十六名貢士趙鑾揚係直隸天津府天津縣縣學廩膳生民籍現任國子監助教 記名同知

同考試官翰林院編修 國史館協修加三級陳 閱

薦批 經義紛紜經策翔實

大總裁內閣學士兼禮部侍郎銜 文淵閣直閣事稽察中書科事務左翼宗學加三級李 批

又取批 詞華富麗經策淹通

大總裁內閣學士兼禮部侍郎銜 文淵閣直閣事稽察左翼四旗覺羅官學加三級霍 批

又取批 氣體清華經策淵茂

大總裁經筵講官 戶部尚書兼管順天府府尹事務管理戶部三庫事務稽察欽奉上諭事件處大臣加三級祁 批

又取批 才情橫溢經策詳明

大總裁經筵講官 毓慶宮行走太子少保戶部尚書管理國子監事務會典館副總裁加三級翁 批

又中批 攷據精詳經策博大

本房原薦批

第壹場

筆意氣清思沈力厚次三穩侢詩整麗

第貳場

援冣精塙詞采繽紛莒炢文尤有辨證

第叁場

援据既十得八九而疏證又多古義碻詁如第一問禮儀條第二問開元禮條第三問韓詩條干越條鳳心條纂選條宋元刻條皆諸卷所罕見可謂讀書有心得

聚奎堂原中批

機調圓美次三敷足詩可

經策詳贍

子曰君子矜而不爭羣而不黨子曰君子不以言舉人不以人廢言

趙鑾揚

論修己觀人之道惟君子能無偏焉夫矜羣偏則爭黨成舉廢偏則人言失君子不然非修己觀人之道乎且所貴乎君子者貴其有定守有眞識而尤貴其無偏心守不偏則修己純不激不隨嚴與寬一衷諸正識不偏則觀人當爲華爲實崇與黜兩得其宜不然偏於修己和介皆乖偏於觀人取舍皆失大聖人慨念純修所爲有世道人心之感也何則聖德協中庸三變而厲溫並著及門深化導四教而文行兼資我夫子成己成人以君子望天下也人

矣謂門牆不必峻吾道何以大防閑謂聲氣不相同民物何以宏胞與第恐寸衷無主傲物非徇物亦非也則修己未純也謂庠序重文章多士何以先器識謂庸流無學問先民何以貴芻蕘第恐鑒別無權輕取誤輕棄亦誤也則觀人鮮當也而果誰是修己無偏者乎世固有鋒棱太露絕人甚而傾軋旋生標榜相高結習深而牢籠誤入夫子曰是矜而爭羣而黨也患在守之不定而果誰是觀人無偏者乎世固有片語立談顯位驟登諸卿相一朝失足遺書竟毀於後人夫子曰是以言舉人以人廢言也患在識之不眞惟君子德具中和早協剛柔之克故神明不惑而春温秋肅四

時直備於一身惟君子學探原本早垂坊表之型故黜陟無私而文苑儒林後世遂分爲兩傳是可爲朝廷用人之準焉矜與羣或出於僞則誤國者性成堅僻下士者貌託謙恭舉與廢或出於私則雄談而許爲老成忠讜而斥爲誹謗天下事是非顛倒斯眞世道之憂矣而君子則偏頗悉化焉雖有時排衆議而引知交獨斷獨行并不避嫌於爭黨取才華而棄葑菲一進一退似又交失乎人言豈知因應咸宜正其矜羣舉廢之全神所衷諸至當也故有君子而千古之治術於以正又可爲學校教士之方焉處世以模棱相尚而虛聲純盜每借人言以市其矜羣講學以門戶相攻而

禁錮忽遭遂因爭黨而成爲舉廢身世間交相詬病是亦人心之患也而君子則偏倚不參焉縱有時泯矜羣之迹時中表德不以清和成夷惠之名無舉廢之權筆削稱天祇以褒貶行帝王之法豈知權衡默運正其不爭不黨不舉不廢之妙用所寓於無言也故有君子而千古之學術於以端人亦法君子可耳

本房加批

章妥句適水到渠成

斯禮也達乎諸侯大夫及士庶人

趙鑾揚

禮無不達所以成德也夫斯禮豈獨爲天子設哉達乎諸侯大夫及士庶人非所以成德乎且儀禮一書公食大夫而外冠昏喪虞皆以士名說者謂欲推士禮以致於天子故上不及諸侯下不及庶人非略也豈知由下而上推是傳禮者抱殘守闕之深心由上而下推爲制禮者錫類推恩之盛舉聖皇宗祀穆穆煌煌所謂得萬國之歡心以事先王者蓋推暨靡窮已上祀以天子之禮夫先公當日有部郎室固列諸侯大夫之班不啻失官亦與士庶人爲伍斯禮也非天子能如斯哉禮莫備於周官祠禴嘗烝宗伯實專

其職乃何以冕詳司服衮與鷩兼紀公卿旗建司常旗與旟並言都鄙知禮固有人所各具者詎爲末世瀆亂之書禮莫隆於周頌肅雝於穆清廟實冠諸篇乃何以祭助烈文辟與公同膺祉福歌興芟柞士與女亦薦馨香知禮又有人所共具者遂爲百代樂章之祖無他禮蓋有以達之也先言諸侯大夫假令帶礪雖盟爾祖未從於大享浚明雖列寵命未被於烝彝當此禮重明禋未免有恧然色沮者禮於以達之斯諸侯蘩而大夫蘋咏歌無遺憾矣更言士庶人假令食我舊德三代莫分壹命之榮服我先疇萬家未奉覃恩之詔際此禮成升祔當必有黯然神傷者禮又達而及之

斯士兼而庶人芟俎豆有餘馨矣然而達非强而同之也諸侯有祧謂遠祖之廟擬以不遷之祧則誣大夫有主謂所出之君例以禘祫之主則謬且皇考者適士壇禱之親詎得因祖考傳訛疑與大夫同廟祭寢者庶人在官之制詎得以內寢饋食引與士禮同科後世之僭禮也往往援經書之疑義附會焉以文其奸大抵皆强而同之之說啓之也得斯禮分而達之諸侯五廟大夫三廟士二廟庶人無廟不必以王制疑祭法之非達又非歧而異之也天子稱公尸諸侯亦得稱公尸曷補旣醉以卿之解諸侯立太祖大夫亦得立太祖曷參大傳別子之條且告窆皆三月士本不與大

夫異踰月之例不必拘設薦用首時庶人亦或與士同有田之家不容混儒生之議禮也往往因經傳之異文聚訟焉莫衷諸是大抵皆歧而異之之說誤之也本斯禮合而達之諸侯曰度大夫曰譽士曰究庶人曰畜直可以中庸闡孝經之旨試進而詳言之

本房加批

根据三禮經緯貫串俱徵精義確是老斲輪手

井九百畝其中爲公田八家皆私百畝同養公田

趙鑾揚

詳井田之制可知同養之義焉夫井以九百畝爲制公田卽在私田之中八家皆奉公者也不可知同養之義乎且井卦列於周易孔子明象獨取其養而不窮何哉蓋渫井所以用汲上爲坎下爲巽以得養玩受福之占而畫井所以分疆內爲公外爲私以同養見媚茲之誼世主不察惑於開阡陌之說以多取於民爲富無怪乎井田之法壞而井養之義不明矣方里而井此蓋合公田私田而言所謂古者三百步爲里名曰井田是也然則一井之畝數奈

何或据九章之方田法曰三百七十五畝不知九章黃帝之書較以周尺往往不合雖六尺爲步八尺爲步言周尺者不同然八尺詳於王制其於東田之里數畝數已自參差故不足據今以六尺之步法計之自乘得三十六尺是爲方步數以里法三百步乘步法得一千八百尺是爲里數自相乘積三百二十四萬尺是爲方里數以方步數除方里數得九萬步再以步百爲畝開方之則一井蓋九百畝云然則公田奈何或曰九夫爲井無公田或曰公田百畝於是解者謂畿內用貢法稅夫無公田邦國用助法制公田不稅然攷之夏小正曰初服于公田是公田之名夏已有之九夫

者殆以地言非以人言也至於公田百畝經傳無徵惟八十畝爲公田二十畝爲廬舍傳者咸稱之詩曰中田有廬此明證也彼謂廬在田旁大不逾畝者則誤甚故不曰百畝爲公田而曰其中爲公田然則私田奈何周禮大司徒曰不易之田家百畝一易之田二百畝再易之田三百畝遂人又曰上地萊五十畝中地萊百畝下地萊二百畝論者遂疑一井不能容八家一家不止受百畝豈知司徒三等都鄙制也遂人三等六遂制也若井田無所謂易亦無所謂萊倉頡之造字也背厶爲公自環爲厶公平分也从八从厶寓會八家平分之意厶古私字自環者象公田之在中也故曰

八家皆私百畝然則八家於公田奈何或曰八家各分十畝審若是則肥饒獨樂墝埆獨苦微特八家之力不均卽公田之所收亦不一傳曰私田稼不善則非吏公田稼不善則非民民亦何樂而分此公田耶不知以公田借民力則曰藉以八家急正供則曰養同風俗一巧拙通力合作八家如一家焉是爲同養公田

本房加批

逐句皆有碻詁於疇算三禮之學致力甚深

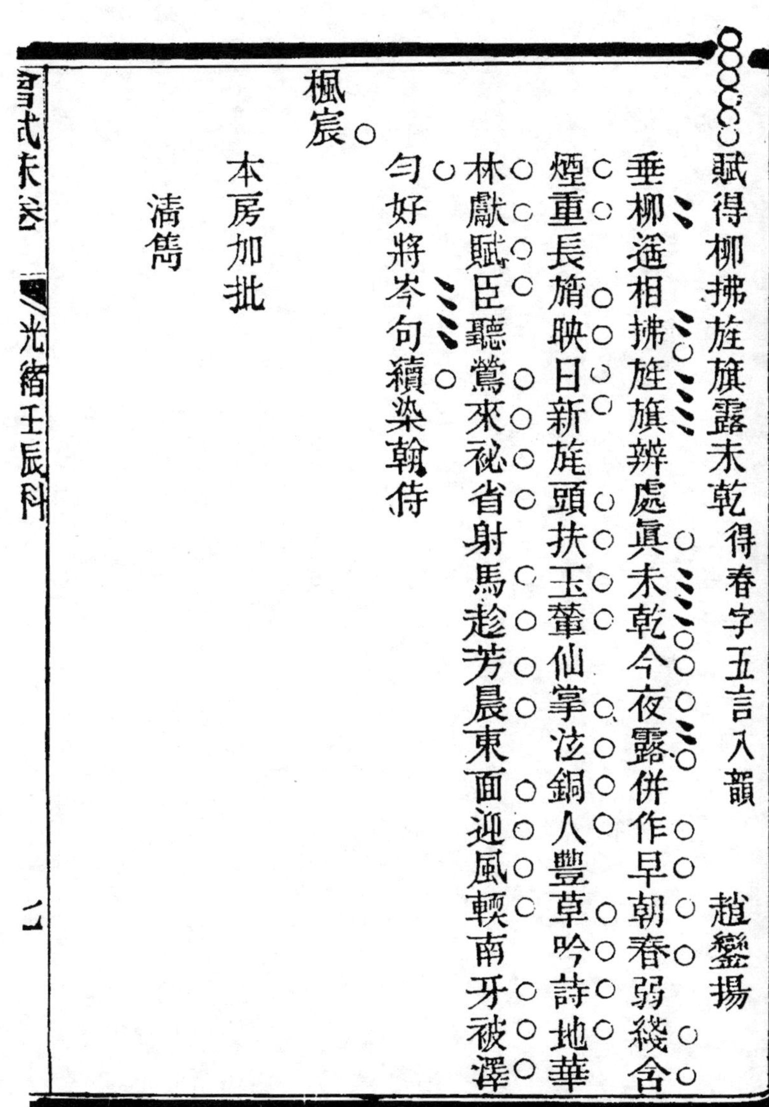

賦得柳拂旌旗露未乾得春字五言八韻　趙鑾揚

垂柳遥相拂旌旗辨處眞未乾今夜露併作早朝春弱綫含煙重長旛映日新旌頭扶玉輦仙掌泫銅人豐草吟詩地華林獻賦臣聽鶯來祕省射馬趁芳晨東面迎風輭南牙被澤匀好將岑句續染翰侍

楓宸

本房加批

清雋

爲大塗

趙鑾揚

震又有大塗之象觀於爻辰而得之焉夫塗之名不一言其大則無不賅矣震象爲之不可觀爻辰而得其象乎且夫塗也者杜也度也杜塞孔穴爲泥塗人所通度爲道塗此六書之通義也而其義莫詳於易象其象莫備於爻辰上九之爻辰上値奎奎主溝瀆溝瀆者泥塗之所積也故負塗之象取諸睽六五之爻辰上値房房爲天衢天衢者道塗之所通也故大塗之象得諸震震自臨觀來離上爻與坎交而成震夫離日履錯錯則不正坎日行險險則不平不正不平塗於何有而且一世豫豫而日汙二世解解而日

悖三世恆恆之言濬四世升升之言冥五世井井之言下其物雜
其辭危安見其爲塗又安見其爲大塗或者曰履之二五上變震
道所以爲坦大畜上互震衢所以爲亨復之內卦爲震有出入之
象泰之三至五成震有往來之象道也衢也出入而往來也謂之
爲塗誰曰不宜然而執是說也可以言塗而不足以言大或者曰
連山之震對巽復初七日淵兮無畛操兮無垠其謂塗之廣遠乎
歸藏之震作釐啓筮文曰君子戒車小人戒徒其謂塗之險夷乎
以卦氣言震直雨水大畜之繇曰日步月趨周遻次舍經歷致遠
无有難處以卦元言震爲孟陽豫之繇曰駟驫驫輂轟轟詠歌奏

和雷奮龍行其謂塗之喧闐而輜輧乎然而執是說也可以言大塗而不得專屬於震於是言納甲者以爲震象出庚庚之義爲大道所謂蕩蕩由庚者非大塗而何言分野者以爲震屬青州青之地多平野所謂東原底平者非大塗而何言逸象者以爲震爲諸侯諸侯之建國所謂經涂七軌環涂五軌野涂三軌者又非大塗而何之數說者非失之穿鑿卽失之坿會仍不足爲震爲大塗之塙證惟攷之爻辰震以陰在五位爲卦之主六五辰在夘上值房星其第一星爲右服次將名曰上道第二星爲右驂上相名曰中道第三星爲左服次將名曰下道是謂房之三道而國中之三道

曰塗正取諸此震爲大塗孰有大於斯者哉顧或有難之者曰六五爻辰值氐房心尾四宿房爲大塗氐心尾其何說之辭不知氐爲日月五星之中道心爲大火傳言火見則有除道之令尾爲龍豵禮言在尾則有祀行之典發揮旁通何在非大塗之證而房之三道尤其彰明較著者故言房而氐心尾賅焉矣他若言災異者取震之四爻曰震遂泥厥咎國多麋遂謂萬物出乎震大塗者即萬物之所出故需有泥之象得震之三井有泥之象得震之初是又以塗爲泥塗之說也抑亦可以資異聞云

厥亦惟我周太王王季克自抑畏文王卑服卽康功田功

趙鑾揚

明周家之世德見田功之卽也蓋太王王季雖未卽田功而其抑畏已久矣文王卽康功田功其卑服之勤有如此周公若曰臣言無逸考諸三王夫三王之在殷非有詒厥之謀述修之德也惟是貶甘飭儉軌物字甿且猶於赫猗那以崇嚴祖考殷薦宗配帝矧我有周世有哲王廑屢省懋乾乾父甫子孳後先繼美是以篤生我文考宣二祖之重光襲三王之緝熙體唐虞之儉樸躔夏禹之胼胝故其積基樹本經緯禮俗節理人情勤恤民事如此之纏緜

也殷之後王不知稼穡艱難惟耽樂是從皇極不建王綱陵遲致使水旱爲弃田野荒穢農夫醳耒百穀不成豈上帝臨女而貳其心毋亦驕奢淫佚以自絕乎于是天既廢殷命用付於我大邦周我周之興也起於后稷篤於公劉實穎實栗迺積迺倉溯先公風化之所由致王業之艱難者則皆農夫女工衣食之事也以至於太王爲戎翟所逼不忍百姓之命杖策而去之岐以至於王季能貊其德音而因心作則當疆理宣畝之際慶光篤錫之時帝賴其勤民斯是皇似亦可以優游畔換者乃平不肆儉安不忘危祗慎乎所常忽敬備乎所未防故昆夷之突屓之不驚塞庫之厄受之

不殆使非克自抑畏其何以德任其位名豐其餼積德勤約燕于孫子如此哉且夫是彝是訓前人之所留貽也不愆不忘後人之所法守也設使繼體守文之君席匕鬯之業嗣苞桑之統而承堂弗構所薪弗何不能圖匱于豐防儉于逸耽纖靡而不御賤奇麗而弗珍致令錦繡害女紅雕文傷農事杏華菖葉耕穫多愆清甽泠風遞遵俱廢其何以繼明宸極出治當陽毋貽我先人羞於穆文王天挺應期少以文塞長以欽明姿大聖之才懷帝王之器當衰殷之末紹西伯之位於斯時也銜丹書於酆戶釣玉璜於磻溪固已民和年豐神降之福而聖不自聖精益求精其修已也則綈

衣不敝革鞜不穿其安人也則家佩惠君戸蒙慈父其敦俗勸農也則三時務本一撥躬耕欽哉欽哉惟穀之䘏若墜之惻每廑如傷之念恒軫卑服卽康功田功非文王之盛德曷克臻茲歟獻出輿入輦命曰蹷痿之機被纚曳紈命曰寒熱之媒靡音麗色命曰伐性之斧甘脃肥膿命曰腐腸之藥孺子王坐享先業方富於年久耽安樂其何以國惟念德如太王王季猶夕惕其若慄仁如文王猶夙夜不敢康矧我孺子王敢不戰慄盡懃商時度世以纘太王王季之緒以勤文王之鮮光

嗟嗟保介維莫之春

趙鑾揚

春聿云莫車右敬聽焉夫侯車之右保介是名天子再命嗟歎有聲告以莫春時不可輕維三月天子有事於太廟將遣諸侯誠於廟中禮也於是乃使甸師清畿野廬埽路戎右揚麾輿人整御翠葆移雲青旗拂露弱柳蔭街雜花生樹驪歌送其將歸兮馬首瞻而欲曙儼具車於道左兮竢羣侯之告去天子乃舉玉趾降彤除將申命於伯叔先顧瞻乎僕夫際青陽之和煦感歲月之易徂日時乎不再來惟車右兮是呼斯時也月軌青陸日次胃躔姑洗中律太皞乘權諸侯禮成相祀言歸於藩於是前驅魚麗屬車鱗萃

閶闔洞啓參塗方駟虎賁驂乘僕御秉轡發奉引於先路鳴和鈴
之央央靡魚須之橈旃曳明月之珠旌微雨灑而清塵兮惠風起
於飛軨將登車而就道兮莫不玉色而金聲航航保介虎步龍驤
在車之右維國之良介胄重襲矛鋌飄英出驂華鑾入倚葱衡君
出入其必從實以備乎非常昔在天子勤恤民艱躬耕帝耤貴賤
以班親載耒耜措之參於保介之御間今爾諸侯曰歸爾國惟茲
保介亦在車側感春風之風人思元辰之當擇毋曰先時弗慮弗
圖毋曰後時弗馳弗驅事不可緩時不可需桑田命倌人出車召
僕夫虎臣司右敢告執輿爰召保介而告之曰時無重至華不再

芳來日苦短去日苦長攷夏時之何寅維春日兮載陽遵我周之天正已遲莫兮堪傷洪維我周聿開景運王業艱難是彝是訓思雅化於豳岐感春日之遲遲日于耜而舉趾喜田畯之偕來景后妃於葛覃襲萋萋之春服歌絺綌兮無斁惟師氏之是告溯先代之詒謀兮念祖德之聿修有及時之刑政兮無廢時之般遊爾賢侯駕言旋歸爾爲之僕俊風來佳氣淑雉震呴雞桴粥荷時至而弗知恐炎歊之已伏汝往欽哉朕言不復詩人因述其事而美之以爲堯敬授夫人時東作秩於寅賓禹垂訓於小正雪澤服于公田伊古皇之御宇咸寸陰之是珍今天子昧旦丕顯夕惕若慄圖

匱於豐防儉於逸遺羣后於廟中宣德音之秩秩會宅務之未遑懼翫時而愒日固堯舜之用心而存救之要術也乃作頌曰嗟嗟保介左右之臣爾公爾侯爾宅爾田無教逸欲立我烝民時哉時哉維莫之春

公會諸侯盟于薄釋宋公 僖公二十有一年　趙鑾揚

因會盟而書釋春秋之變例也夫公會諸侯而盟事之常耳于薄而書曰釋宋公非春秋之變例而何且春秋二百四十年來列國諸侯書執者十有三而書歸者二書復歸者一此史之常例也從未有以上公之身見執於蠻夷之手而二三同會者又復思小怨忘大恥擠井下石莫之肯救直待有畏威而來會者始得一援手焉如今日之宋公者君子曰此天下之大變不可以常例論也於是大書而特書曰釋執釋之楚釋之也曷爲不言楚或曰不與楚專釋也夫宋捷之獻直書楚人是執之唯楚亦釋之唯楚不言自

見又何專不專之足辨唯是楚於中國蠶食久矣何愛一宋公而獨有此釋蓋宋爲中國之門戶欲挾宋公以爲質以覘中國從違耳乃遲之又久齊晉諸大國旣不敢興救宋之師魯又不期而來俯首爲宋公請命於焉釋之伸威於宋市恩於魯得志於諸侯楚之心驕極矣故凡見執而不失國者於歸名之今宋公不名亦不言歸書曰釋宋公所以暴楚之惡也其曰盟于薄何或曰宋服故盟以釋之然宋人之對楚曰國已有君拒之甚峻未嘗有肉袒之迎乞盟之事也何服之有不知薄卽北亳宋地也其地偪近宋都自會盂而後楚人挾宋之君踞宋之地已五六月矣宋之民不聞

有遂人殲齊之怒宋之臣不聞有申胥乞師之哭一任犬羊之衆長驅而入直逼都城雖有目夷之賢欲求爲城下之盟而不可得宋亦可謂無人矣設非魯爲之請吾恐亳社已墟又安望其君之見釋耶書曰盟于薄釋宋公所以示宋之辱也曷言乎諸侯或曰此會盂之諸侯也一事再見前目而後凡且宋公之釋諸侯與有力焉豈知陳蔡鄭許皆楚黨曹又宋仇既執宋公誰其肯釋顧念此五國諸侯從楚伐宋已逾半載并無一帥師先歸者直至歲之將盡猶在宋地猶從楚盟置社稷民人於不問而且宋公之執也不敢違宋公之釋也亦不敢違低首下心唯楚命是聽是諸侯皆

甘心從楚矣書曰諸侯盟于薄釋宋公所以正諸侯之罪也其曰公會奈何或曰嘉我公之能救患也然則僖二十八年衛侯鄭歸于衛亦公爲之請曷爲不書公以嘉之此獨書者誠以同姓之國魯爲大當楚之執宋公也不能申大義以抑其彊暴而乃本無會期畏威而至猥與歃血要盟以求宋公之釋辱莫大焉況由是而往直至我公二十七年背齊失宋日與楚親未始非此一會有以入其彀也故不言會楚子而書曰公會諸侯盟于薄釋宋公所以諱魯君之失也此春秋之變例也

兵車不中度不粥於市布帛精麤不中數幅廣狹不中量不粥於市

趙鑾揚

進言兵車與布帛又有不粥之禁焉夫兵車之度有定布帛之數與量亦有定苟不中焉尙可使粥於市乎且自涿鹿戰而兵車興包犧作而布帛造懿鑠哉此輿服之志所爲萬國同而萬世法也命司馬以制軍整爾駕毋高毋卑請補以考工一册祠先蠶而教織澣爾服爲絺爲綌請歌以葛覃三章非然者人與馬失其謀絲與麻紊其制待賈者雖利倍日中中禁者早令嚴天下矣不粥於市者豈唯是圭璧諸物云爾哉試觀兵車夏先正殷先疾周先良

三代之師同其物關用補輕用馳萃用薇五戎之萃異其名別乎乘田任載而重之曰兵車則書云三百詩詠三千一器而工聚者車爲多遑而曰輪輿具備哉然而徒步之勞無慮也今試入五都之肆爲問去一以爲賢去三以爲軑疇奏其技於斵輪眞諸河之側眞諸河之漘疇食其力於伐輻是兵車之於市固有粥焉者矣轡有首其御之崇於軫崇於戈崇於人何分六等輪有牙其固之取諸圜取諸直取諸急何具三材言有度也所謂閉門造而出門合者唯其中焉故耳奈之何有不中者不中則度過乎崇卑進馬退人既難登而難引不中則度逾乎長短緩輪被甲奚如轅而如

軒在粥者不過昧輪轅之制而壟斷而登庸詎知兩國交綏將輯
也說而難行軔也絕而難止晉陷淖楚絓木何莫非不中度者有
以階之厲也太僕於是執鐸而徇曰兵車不中度不粥於市更言
布帛徐有縞荆有纁豫有纊集篚貢於虞廷秦之籌齊之縷鄭之
縣傳騷吟於郢客統乎麻縷絲絮而重之曰布帛則五尋爲匹五
兩爲束布帛之有幅焉爲之制詎易云杼柚不空哉然而無衣之
歎無慮也今試遊百貨之場見夫麻也績于逝于差歌穀旦於宛
邱彼美善婆娑之舞絲也貿載言載笑期新秋於淇上豈氓著敦
厚之容是布帛之於市又有粥焉者矣物有精亦有麤或則十五

升或則三四升襄之七我歌織女制有廣亦有狹或二尺二寸或二尺四寸服之六我攷縫人有數與量也所爲禮纖衷而修短合者唯其中焉故耳奈之何有不中者不中則數紊接爲紕合爲總界爲緎誰釋其義於委蛇不中則量乖蔑于尺忖于寸別于分誰廣其名於爾雅在粥者不過惜紡績之資而錐刀是逐庸詎知好人爲服將譏不衷於聚鷸刺不稱於維鵜至骭短曳踵長何莫非不中數不中量者有以貽其戚也司服於是懸書而禁曰布帛精麤不中數幅廣狹不中量不粥於市

第一問

趙鑾揚

古無四書之名自宋儒取學庸以配論孟四書之名始立大學者小戴禮之第四十二篇是爲古本程朱雖多更定如知所先後句起下文兩節而言程明道定本以克明德盤銘兩章邦畿三節次於則近道矣下轉不及古本爲有序格物司馬温公以格爲扞格就去惡說顏氏以物卽鄉三物之物就至善說惟鄭注格來也物猶事也知於善深則來善物知於惡深則來惡物兼善惡說最爲晐備淇澳之澳鄭云隈厓本爾雅較毛傳單訓奧隈爲密陸璣詩疏以淇奧爲二水唐裳

博物記云大奧水流入淇水有綠竹草水經注肥水謂之澳皆不免坿會菉竹鄭無注毛詩作綠竹傳云綠王芻竹萹竹韓詩作綠薄內傳云薄萹筑義同毛鄭注禮時未見毛傳多用韓詩當以菉竹爲兩物唐蒙陸璣以爲一草戴凱之竹譜以爲篇竹恐非鄭義中庸素隱漢藝文志引作索素索古通用魏王基殘碑憲章墳素即墳索也惟顏注以爲求索攷說文索訓繩索索訓入家摉是索隱又爲索隱之譌蒲盧鄭云蜾蠃謂土蜂本爾雅王肅攻鄭學而於家語蒲盧注亦同鄭可見土蜂乃禮家舊解沈括以爲蒲葦殊非禮儀三百威儀

三千鄭注不釋孔疏据禮器鄭注以周禮儀禮解之後儒謂周禮特官名三百乃儀禮之大目三千乃曲禮之小節此蓋本辥瓚漢書注不知周禮正周公所制之禮曲禮正儀禮之傳宜師古以瓚說爲非也論語有齊古魯三家漢志魯二十篇古二十一篇注云兩子張齊二十二篇注云多問王知道王應麟謂問王疑卽問玉葢因說文玉部引逸論語三條初學記玉部引逸論語三條文選注御覽各引一條皆詮玉文故耳至王玉篆文相似如周禮九嬪玉齍故書玉爲王是漢隸亦然如樊安碑玉作玊譙敏碑王亦作玊是何劭公論語

注隨唐志不著錄惟北堂書鈔卷六十六引何休論語注君子儒將以明道小人儒則矜其名二語攷集解子謂子夏章皇疏本作馬注邢疏本作孔注者正與書鈔所引同蓋書鈔經明陳禹謨竄改世無善本此條殆誤何晏爲何休也直躬鄭本作弓云直人名弓高誘淮南注云直躬楚葉縣人躬蓋名說與鄭同弓躬古通字陳寔壇碑寔字仲躬史傳文選蔡中郎集作仲弓是其證若廣韻以直姓爲直躬之後則謬矣朱張鄭本作侏張音陟留反侏張卽侜張書無逸譸張釋文云爾雅及詩作侜爾雅釋文又云侜本或作倜集韻倜亦作

侏揚雄國三老箴云姦宄侏張正作侏字是鄭不以侏張爲人名猶顏師古漢志注以夷逸爲竄於蠻夷而遁逸也觀辟世章鄭注引此節無夷逸侏張二人或顏注卽本鄭注歟吾斯未信古答師無稱吾者皇疏謂稱吾爲禮失之漢藝文志注云孔子弟子漆雕啓是漆雕名啓史記漆雕開字子開蓋避漢諱啓陽公羊作開陽啓毋廟漢碑作開母廟可證惟說文启開也字開當名启知吾字當是启字之譌老彭鄭云老聃彭祖王弼論語釋疑同此必有師說相承故班固幽通賦亦彭老並舉苞咸謂爲一人恐非古解天道釋文引鄭云七

政變通之占後漢桓譚傳注引作變動攷鄭注堯典七政云日月五星此言占者卽觀天文以察時變之誼關雎章鄭注以君子好仇釋樂以寤寐思服釋哀只就一詩而言至以關雎葛覃卷耳爲王后房中之樂則見鄉飲酒及燕禮鄭注後儒謂論語關雎蓋合下二章爲房中三奏殆本諸此未知焉得仁釋文引鄭音智而注不詳王充論衡徐幹中論皆引作智漢書古今人表列子文文子於智人在仁人之次敘卽述此二語師古曰智者雖能利物不及仁者所濟遠也可補鄭注之闕問社鄭本作問主注云主田主謂社魯論作主古論

作社鄭蓋字从魯而義从古也居不容釋文作不客唐石經同孔注爲室家之敬難久正謂一家之人難久以客禮敬巳皇侃邢昺皆以容貌釋之誤矣孟子引尚書多古文如徯我后后來無罰見古文太甲趙注則云書尚書逸篇天降下民云云見古文太誓趙注亦云書逸篇蓋古文尚書東晉始出趙氏不見古文故於今文二十八篇外皆曰逸篇也季孫子叔趙云孟子弟子故宋政和五年封季孫爲豐城伯子叔爲承陽伯從祀孟廟明隆慶時御史畢懋康本朱注以爲非門人請罷從祀不果故至今猶列祀典折枝趙云案摩折手節

解罷枝也後漢張晧兩龔傳注引劉熙孟子注亦作按摩又內則抑搔鄭注卽按摩是案摩爲古人養老之方較折草木之枝爲有據蹙頞趙云愁貌邵武士人疏云頞鼻頸案說文頞鼻莖蓋凡人憂戚則蹙鼻莖於眉宇之間史記蔡澤傳云蹙齃齃卽頞亦謂鼻蹙眉也疏作頸大誤而不知檢食貨志引作斂檢斂義同故趙注云不以法度檢斂也至於豐歲當斂凶歲當發漢耿壽昌請築常平倉穀賤增價而糴穀貴減價而糶正祖此法此志贊云均輸常平有從徠也

聖朝稽古右文闡明漢學設科取士首重四書不誠超越前代哉

第二問　　趙鑾揚

史家之學無所因而特創者難爲功有所本而求精者易爲力故班詳於馬范勝於華晉書修而十王諸史廢南北史行而沈魏等八書微世人厭舊喜新大率類是而互有短長不容偏廢者莫如新舊唐書舊唐書皆曰劉昫撰攷梁龍德元年史臣奏請令天下有記會昌以後公私事迹者抄錄送官唐長興中史館又奏宣宗以下四朝未有實錄請下兩浙荆湖等處購求野史晉少帝開運二年六月以新修唐書二百三卷上之可見唐書因載紀散失自梁迄晉閱三朝而始成

書成時劉昫適以宰相監修故首列其名耳其實創始於吳兢筆削於韋述晉天福中又詔張昭遠賈緯趙熙鄭受益李爲光重修趙瑩監修後瑩又奏以呂琦尹拙同修此所謂集衆手而成也據此則趙瑩之功居多故吳縝進新唐書糾謬表有趙瑩奏進舊唐書之說或稱爲李氏書者當時避晉高祖嫌名也會昌以後實錄不具先是韋保衡撰武宗實錄五代時已不存邯鄲書目惟存一卷而已晉張昭遠重修唐史始有昭宗本紀會昌後所有紀傳皆賈緯纂補厥後宋敏求又補武宗以下六代實錄初爲百卷後增至百四十卷趙

鄰幾又追補二十六卷此皆在新書未修以前者至和元年因舊書繁略不均乃命歐陽修爲紀志宋祁爲列傳重修新史其間有移易舊書者如張嘉貞與其子延賞舊分傳新合傳劉子元之孫滋舊别爲傳新附子元傳陳子昂劉蕡等舊入文苑新改列傳孔穎達顔師古等舊在列傳新入儒學之類是也有增益舊書者如舊無兵與選舉儀衛等志新增志三舊無表新增表四廢舊傳六十一增新傳二百三十一之類是也其餘名字里居藝文事實新書增改不勝枚舉然捃摭旣富疏誤遂多唐代遺編存於今日者以開元禮唐律疏

義唐六典開元占經四書爲巨帙如開元禮有養老一條新書不載舉行何時疏義言律十二目新書不詳其因革六典淮南道領十四州新書無濠泗作十二州占經言麟德甲子元最詳新書多所譌脫此外如唐大詔令載昭宗制德王佑可冊爲皇太子仍改名裕新本紀不詳改名一事貞觀政要任賢篇云杜如晦京兆萬年人新列傳作京兆杜陵人案地理志京兆府有萬年無杜陵唐會要云折衝府二百八十通記舊府六百三十三新兵志云置府六百三十四通典云文武定員六百四十三新百官志云太宗省內外官定制七百

三十員元和郡縣志自序稱四十七鎮新方鎮表所列凡四十四鎮如此之類甚夥證以羣書沿革去取頗足訂正至於宗室宰相俱表世系爲新書所創攷覈宜詳乃案之唐人碑刻宗室表稱李廣業父璲爲左衛將軍而廣業碑則爲雲麾將軍宰相表令狐德棻子修己不書官位而德棻碑則云長子太子右司議又敬頫在顯儁上第三格自是顯儁曾祖而敬使君顯儁碑陰則列敬氏之族有主簿敬頫並非顯儁之先代略舉一二知世系之舛譌亦復不少若西戎多本元奘之大唐西域記南詔多本樊綽之蠻書較舊史最爲賅備西

域傳首列康國元魏所謂悉萬斤者君姓温本月氏人枝庶分王曰安曰曹曰石曰米曰何曰火尋曰戊地曰史世謂九姓皆氏昭武竝記九姓別名如安一曰布豁又曰捕喝元魏謂忸蜜之類甚詳乃證之魏隨兩史無石火尋戊地三姓魏書有小安那色波烏那曷穆隋書有鏺汗烏那曷穆漕皆新書九姓所無魏書雖華夷相譯音字或殊隋書即唐代所修不應亦異是其歧也舊書南蠻傳南詔姓蒙氏蠻謂王爲詔代居蒙舍州爲渠帥以後敘事至開成會昌而止新書多所增補且敘至唐末攷駱賓王集有姚州道破逆賊諾沒弄楊

虞柳露布文敘蒙儉和舍等作亂遣將軍劉元暕追討事又有破設蒙儉露布文敘遣副總管李大志往討蒙儉事事當在高宗時而新書皆不載是又其漏也至於靺鞨即魏之勿吉本古肅愼國其部有七有黑水部有粟末部開元初黑水靺鞨來朝遂置黑水軍續更爲黑水府以部長爲都督賜姓李氏領黑水經略使天寶末粟末靺鞨之附高麗者最彊盛盡得靺鞨地置上京龍井府國號渤海上京卽黑水故地也此廢置之見於新書者安西都護貞觀時始設於交河城顯慶三年移治龜茲新書稱賀魯平析其地置都護二都督六

皆隸安西有鷹娑都督者以今地攷之鷹娑都督府在伊犂東南境龜茲即今庫車地由庫車北踰天山始至伊犂此即所謂遠制者亦猶唐之羈縻州也我

朝史館宏開舊唐新唐並收史庫誠千古之至公論史者無庸復贅一詞矣

第三問

趙鑾揚

荀子生孟子後爲戰國老師著書三十二篇宗法聖人發明經傳非名法諸家所能及惟自來訓詁苦無善本唐楊倞注已爲最古而亦頗多舛誤故是書古誼往往不明如勸學篇不問而告謂之傲又云未可與言而言謂之傲此即魯論之所本也論語釋文云魯讀躁爲傲魯論之訓今不可攷以楊注論之前注引或曰讀爲嗷聲日嗷嗷然似爲近理嗷即謷字古書言旁多作人旁傲諸公穀作詭諸倖醉史記作詳醉可證且王逸楚辭九思注謷謷不聽話言而妄語也正與未

及而言義合謂假傲爲躁非也楊注以爲戲傲尤誤非相篇引詩宴然聿消楊注云今詩作見晛日消作宴然蓋聲之誤不知此又韓詩之所本也韓詩作曣晛見毛詩釋文廣雅曣煗也卽韓詩之曣晛石經宴作燕玉篇晛與曣同荀作宴然卽曣曣之省文也劉向敘稱孫卿善爲詩禮易春秋楊敘亦云羽翼六經皆不詳其授受攷陸璣詩疏荀卿爲子夏五傳弟子以詩授毛亨釋文敘錄又云爲左氏六傳弟子禮學淵源雖不可攷而大戴所傳禮三本篇出禮論勸學卽荀子首篇哀公問五義出哀公篇首小戴所傳三年問全出禮論

樂記鄉飲酒義俱出樂論聘義亦與法行篇大同可見荀於
禮制尤所專長大略篇天子外屏諸侯內屏禮也楊注第引
何休公羊注爲證殆未深攷鄭氏郊特牲注漢書文三王傳
谷永云意林引應劭風俗通皆引此文稱禮蓋逸禮也故禮
緯含文嘉亦載此二語爾雅屏謂之樹不言內外据此可補
其制左舌右舌荀子無此文惟正論篇藉靡舌縪說者引儀
禮鄉射左右舌謂舌有束縛意以楊注舌舉謂辭窮爲非理
或然也持虎彌龍見禮論篇楊注以虎皮爲弓衣武士執持
彌如字又讀爲弭末也謂金飾衡軛之末爲龍首皆非持當

作特劉昭續漢輿服志注引古今注天漢四年令諸侯王朱輪特虎居前左兕右麋通典引同蓋畫輪爲飾一虎居前故稱特彌即說文之𨌚廣韻引說文𨌚乘輿金耳也金耳謂車耳即重較徐廣云乘輿車以金薄繆龍爲倚較其說得之勝斛敦槩四者皆權量名見君道篇楊無注勝與升通三輔黃圖御宿園出栗十五枚一勝大梨如五勝是也今本作斗斛蓋隸古斗升形近漢碑多有之敦即周禮內宰故書作庋量敦制之敦劉昌宗音諸允反管子作綧制分篇丈尺一綧制淮南子作純墬形訓純丈五尺高誘注量名是也或謂敦有

足有蓋容斗二升者非彼音對盛黍稷器非量器猶酒尊亦名槩不得即以爲權槩也勸學篇干越夷貉之子元刻作于越大戴禮同此皆因楊注而誤也楊注于越猶言吳越引呂氏春秋次非得寶劍於干越高誘曰吳邑以證之不知干亦國名管子小問篇云吳干戰則干非即吳明矣且所引呂氏春秋見知分篇干越正作干遂淮南同注干音寒楊注殆誤引耳彊國篇在韓者踰常山乃有臨慮在魏者乃據圍津即去大梁百有二十里楊注引漢志臨慮縣名屬河內案荀子本書當作隆慮漢殤帝時始避諱作臨慮當是劉向校錄所

改觀上文恒山亦避漢諱作常山可知楊注不言古名疏矣、圉津楊注圉當作圍引漢書曹參度圍津爲證然攷後漢郡國志圉屬陳留郡又洛陽有圉鄉皆去大梁不遠卽謂圉是地名津是渡處亦合似不必改字解經也大麗簫和見樂論篇楊無注其日鼓大麗者正韻麗光明也大麗卽大明樂緯謂宮聲宏以舒商聲散以明卽大明之義故下文云鼓似天也宋本作天麗誤簫和皆樂器爾雅釋樂大簫謂之言又云笙小者謂之和是也蓋竽笙簫和筦籥發猛八字爲句觀下文磬似水竽笙簫和筦籥似星辰日月其義甚明或謂簫當作肅以竽笙肅和與莞籥發猛爲對句又謂下文簫和爲衍字未免武斷王制篇序官首列宰爵其爲官名無疑楊注宰膳宰爵主掌一曰爵官爵皆非周官冢宰鄭注宰主也漢書百官公卿表有主爵中尉秦官掌列侯所屬有掌畜令丞與下文知賓客祭祀饗犧牲牢之數正合則宰爵卽古之主爵也又云司馬知師旅甲兵乘白之數楊注四邱爲甸亦謂之乘白猶白丁或曰當爲百尤誤乘者車乘白古伯字鍾鼎文皆然周官巾車五車鄭注卽五戎乘白卽急就篇戎伯總閱之戎伯顔師古注戎謂編士卒之列百人爲伯是也法行篇

魚鼈黿鼉以淵爲淺而堀其中鷹鳶以山爲卑而增巢其上此大戴禮曾子疾病篇文大戴作壓穴其中說苑敬愼篇潛夫論貴忠篇皆作穿穴其中晏子春秋諫篇亦窟穴檜巢對舉爲文是楊注本堀下當奪一穴字王制篇東海則有紫紶魚鹽焉然而中國得而衣食之是紫紶是衣魚鹽是食明矣戰國策云齊紫敗素也而賈十倍此東海有紫之證紶蓋綌字漢碑谷多作去史晨奏銘𨚫揆未然却即卻之俗也禹貢青州貢鹽絺有絺必有綌又東海有綌之證楊注紫紫貝紶當爲蛣大誤解蔽篇楊注本作有鳳有皇樂帝之心殆由不

知古韻而誤類聚御覽引舊本竝作有皇有鳳說文鳳从凡聲古韻與心同在侵部猶之風从凡聲詩綠衣末章何人斯四章烝民末章皆與心爲韻也王制篇案謹募選閱材技之士募乃纂字之譌毛詩舞則選兮韓詩作纂兮纂選爲疊韻皆有具義此連文者直言具閱材技之士亦猶褘隋偋徙之類是也楊注募招也非古誼其篇名成相者蓋瞽必有相篇內言人主無賢如瞽無相其義已明成猶善也見檀弓鄭注善相瞽者卽喻賢也楊注成功在相非或云相爲樂器或云相治也亦鑿逸文之散見如文選招隱詩注引桃李蒨粲三

十四字又與楊德祖書注引有人道我善十八字御覽人事部引天下無二道二十六字又器物部引何世之無才四十二字皆不在二十卷內可見楊注本尚非全書劉向敘錄言中孫卿書凡三百二十二篇除復重二百九十篇定著三十二篇楊倞又分舊十二卷爲二十卷其篇第移易如禮論篇舊在二十三楊本升在第十九成相篇舊在第八楊本降在第二十五之類是也遊齊適楚之年史記稱年五十始游於齊風俗通作十五以史記陳敬仲世家及劉向敘攷之當在齊宣王十八年後適楚爲蘭陵令以史記春申君傳攷之當

在楚考烈王八年至於宋槧本爲呂夏卿錢佃所校元刻本乃當時坊間所梓試以二本校勘同異勸學篇宋本作青取之於藍元本作青出之藍修身篇宋本作滃滃訿訿元本作噏噏呰呰若此之類不可枚數佗如大路敧器之圖宋本已坿是卽元纂圖本之先河門類品題宋陳傅良所作是又明鍾人傑評點之藍本也

四庫子部儒家家語後卽繼以荀子足見學出孔氏遠勝申韓正不得以小疵議之矣

第四問

趙鑾揚

大荒北經有山名曰不咸有肅愼之國不咸山一名徒太山魏書勿吉國南有徒太山是一名白山北史勿吉部其七曰白山是一名太白山唐書粟末水源於太白山是以今地攷之卽長白山也山在吉林烏喇城東南横亙千餘里東自甯古塔西至奉天府諸山皆發脈於此肅愼國唐虞曰息愼漢晉曰挹婁南北朝曰勿吉隋曰靺鞨唐屬勃海遼屬女眞金置上京會甯府元置軍民萬戶府明置建州毛憐等衞卽今甯古塔地西南八十里有古城俗稱東京城又西南三十里

有古城基卽古肅愼國也漢書地理志蓋馬縣馬訾水西北入鹽難水西南至西安平入海馬訾水卽今之鴨綠江在吉林城南九百七十七里源出長白山南麓南流左受朝鮮北境數小水折而西流經佗古爾城佟家江自西北來會佟家江卽漢之鹽難水也源出衣兒哈雅範山南三源合而西南流匯諸水又東南入鴨綠江唐書鴨綠水西與鹽難水合是馬訾自唐已名鴨綠矣魏書勿吉國有大水闊三里餘名曰速末水卽今之混同江也源亦出長白山舊名粟末水亦名鴨子河遼改爲混同江土人呼爲松阿里江金史一名黑龍

江誤或曰一名松花江亦誤松花江北流逕金故南京城合
黑龍江又西流始入於混同江則兩江不得混稱明矣其曰
混同者蓋納諾尼黑龍烏蘇里三江之水混而同之故名也
北史烏洛侯傳國西北有完水東北流合於難水難水卽今
嫩江亦名嫩尼江亦名諾尼江亦名那河明初曰腦温江又
名忽剌温江源出黑龍江衣克呼里山之西南卽合黑龍烏
蘇里之水入於混同江者完水卽今之黑龍江俗名薩哈連
江薩哈連者漢言黑也遼史太康三年夏四月泛舟黑龍江
黑龍江之名始見於史唐名室建河唐會要作望建河蓋字

之誤其上流曰傲嫩河又曰俄農即元之斡難河源在克魯
倫河西北三百餘里世謂黑龍江源出喀爾喀北界之肯特
山殆經流非正源也唐之忽汗河今名呼拉哈河亦名虎爾
哈河在甯古塔城東南故亦名甯古塔河即金時之按出虎
水金以後或曰金水河俗稱牡丹江源出長白山頂經北三
百餘里北流入混同江唐於勃海靺鞨大祚榮所置忽汗州
正因河爲名云北史勿吉國其部類有七一粟末部與高麗
接粟末乃粟末之譌即今吉林烏拉一帶二伯咄部在粟末
北即今伯都訥金史作部潜灤皆伯咄之轉也三安車骨部

在伯咄東北卽今阿勒楚喀之西安楚拉庫路四拂涅部在伯咄東卽今甯古塔西南之東京城亦稱佛訥和城明之佛訥赫衞也五號室部在拂涅東卽今綏芬河東一帶六黑水部在安車骨北卽今黑龍江地七白山部在粟末東南卽今長白山也唐時黑水部分爲十六以南北爲稱開元十三年置黑水軍績更以最大部落爲黑水府後勃海盛皆役屬之遼平勃海黑水復擅其地金屬蒲與路元屬開元路然此開元路乃明之朵顏衞非卽明之開原衞也蓋元初乙未歲立南京萬戶府治黃龍府至元四年更遼東路總管府二十三

年改爲開元路是開元路舊治於黑水者至此遂移置於黃龍矣明洪武中改元爲原於此設開原衞卽今之開原縣或謂明初之開原與元初之開元同地殆未深攷狗車木馬見元一統志此蓋舊治黑水之開元路其俗有之狗車以木爲之形如船長一丈闊二尺以數狗曳之木馬形如彈弓長四尺闊五寸繫於兩足激而行之二者皆飛行氷雪中今自三姓以下尚沿其俗唐之率賓府領華益建三州爲率賓國故地遼仍其名金改爲恤品路以境內有恤品河故也其地在今甯古塔東南恤品河卽今綏芬河府路故基卽今雙城廳

遼之黄龍府以今地攷之先屬奉天開原縣今爲吉林農安縣卽元時移置之開元路也遼史黄龍府本勃海扶餘府太祖征勃海還至此有黄龍見城上故名金改濟州又改隆州又升爲隆安府或曰龍安或曰農安皆聲轉也通鑑謂卽慕容和龍城蓋因南史北燕馮氏爲黄龍國不知燕之和龍在遼水西遼之黄龍在混同江南相去遠甚長春州卽今吉林長春府先爲郭爾羅斯地地名伊克岳里泊在喜峰口東北八百七十里遼史長春州韶陽軍本鴨子河春獵之地鴨子河卽混同江之舊名也金有五國頭城遼史五國部博和哩

國博諾國鄂羅穆國伊埒圖國伊勒希國是也其頭城者大
金國志五國城在西樓東北千里西樓卽今錫伯城東北千
里卽今三姓城今自三姓至烏蘇里江口松花江兩岸有城
基九處則三姓爲五國頭城無疑唐書流鬼國三面阻海有
魚鹽之利通典疑卽庫葉島然庫葉卽古女國亦名毛人國
在北沃沮海中竝非三面阻海惟庫葉東北隔海爲俄羅斯
國之岡札德加部亦曰甘查甲亦曰堪察加其地斜伸入海
形如大刀頭惟西與痾哥德斯科部相接其人捕魚爲食東
省謂之魚皮夷與唐書有魚鹽之利亦合當卽古之流鬼國

也蝦夷島亦在北沃沮海中四面皆海北隔海卽庫葉島南隔海卽日本國地西隔海卽吉林境也其名始見於杜佑通典亦見樂史寰宇記新唐書日本傳作蝦蛦顯慶四年隨日本入貢其人皆鬚長四尺尤善弓矢云

國家輿圖日闢曠古未有東三省爲根本重地近苞蒙部遠跨重洋琛賮之來莫不梯航畢集已

第五問　　趙鑾揚

漢書藝文志農九家百一十四篇至今罕有存者而其零章斷句時時見於它書神農二十篇篇目已不可攷惟開元占經卷一百十一載有八穀生長一篇差爲完具又引神農占數節如正月上朔有風雨三月穀貴石五百錢之類攷漢志雜占家有神農教田相土耕種十四卷恐是彼書中語又漢書食貨志引神農之教一條後漢書注文選注藝文類聚引並同又淮南齊俗訓劉子新論貴農篇後漢王符傳注並引神農之法一段據呂氏春秋愛類篇引首六句亦作神農之

教又管子輕重篇揆度篇竝引神農之數一條據玉海亦引作之教以上三條似亦神農教田之文故引之稱教也至於類聚及路史餘論所引神農求雨書一段當是漢志五行家神農大幽五行二十六卷之佚說其餘散句如書鈔引夏日成養四字類聚引湛濁爲地四字路史注御覽引冬至陰陽三十六字路史注又引承爲民賦入字亦皆與農書不類輯佚書者都爲一卷統入農家似欠區別野老十七篇隋唐志不著錄書佚已久或云呂氏春秋上農任地辯土審時四篇蓋古農家野老之言而呂氏述之後人據此輒謂野老尚存

四篇攷齊民要術亢倉子初學記文選注太平御覽亟引呂氏此文並無指爲野老之佚者而於千載後憑臆以斷殊不足據范子計然漢隋志皆不著錄唐蓺文志有十五卷注范蠡問計然答意林作范子十二卷並引本書計然姓辛氏字文子攷通志氏族略宰氏注引范蠡傳師事計然姓宰氏似辛即宰字之誤漢志農家宰氏十七篇或即計然也其書久佚初學記御覽等書引其論物產所出多用郡縣名疑爲唐以前人所託尹都尉書十四篇漢志注不知何世案都尉其官齊民要術引氾勝之云尹澤取減法神農復加之尹澤疑

即都尉之名其書有種瓜種芥葵蓼薤蔥諸篇名見類聚御覽引別錄輯古者輒取要術諸法補爲尹書已屬張冠李戴至類聚卷八十二引別錄云都尉有種蔥書下有曹公既與先主言細人覘之見其拔蔥十五字乃別引後漢事一條或竟輯爲都尉書文大謬氾勝之書漢志十八篇隋唐志並二卷其書已佚散見於齊民要術中有目者可得十六篇然逸文佚句譌字脫字以他書校之不啻百事如區田法後漢劉般傳注引之上農間相去七寸要術作九寸中農區方七寸要術作九寸下農間相去三尺要術作二尺末有旱即以水

沃之句要術無文選養生論注引之大區方深各六寸要術脫大字又鄭氏月令注引農書曰土長冒橛陳根可拔耕者急發孔疏云先師以為氾勝之書要術無末句首句作土塊散上没橛與釋文鄭注作土上同然攷要術又引崔寔四民月令曰正月地氣上騰土長冒橛陳根可拔急菑彊土黑壚之田似鄭所引蓋崔書非氾書周官草人鄭注土化之法化之使美若氾勝之術當指氾書割馬牛羊豬麋鹿骨諸說其詳引見要術種穀篇賈公彥疏不能具引未免疏漏蔡癸書一篇隋唐志已不著錄御覽引崔元始政論宣帝使蔡登校

民耕植三犂共一牛登卽癸字之譌其文與要術引同惟要術首句引作武帝以趙過又漢食貨志詳言趙過代田之法下卽云蔡癸以好農使勸郡國至大官可見蔡癸所用卽趙過成法惜其書無引之者漢志有趙氏五篇當卽趙過書要術敘云趙過始爲牛耕賈公彥周禮疏亦云然攷山海經海內經后稷之孫日叔均是始作牛耕新序載鄒穆公日百姓飽牛而耕又古名字相應冉伯牛名耕司馬牛名犂是牛耕周已有之不自過始賈說殆誤至要術所引頗多古書如四民月令雜五行占家政法食經之類無慮數十種皆世所罕

觀故雖農圃小道學者寶之四時纂要唐韓鄂撰皆言農事宋志十卷直齋書錄解題云五卷今已佚說郛載有一卷亦捋集諸書而成者尙足見其梗概云宋有陳旉農書三卷上卷農事中卷養牛下卷蠶桑專言其理不舉其法推其體例欲與要術分道揚鑣然究不及賈書切於日用末附蠶書一卷舊題秦觀撰實其子秦湛撰自云得之兗人與吳中蠶家不同然養蠶究以吳中爲最如鹽漬蠶種則生長盛又種以四眠者爲佳皆古書所未有古書如種樹藏果相蠶書見漢志孫光憲蠶書見宋志皆在秦氏已前者元有農桑輯要七

卷司農司所撰世祖朝頒行天下仁宗又命刊於江浙英宗明宗文宗皆申命頒布其書以要術前六卷爲藍本要術傳本脫誤甚多藉是書頗足補正惟末載歲月雜事一卷未爲賅備魯明善撰農桑衣食撮要二卷以農圃諸務分繫十二月又足補輯要之闕也元王楨亦撰農書明刊本有兩種世宗時初刊爲二十二卷神宗時重刊爲三十六卷其目有三曰農桑通訣曰穀譜曰農器圖譜不但槔水諸器有關民用其推本區田之法不用牛犂惟用鍬钁更便貧家至於古雅博贍又其餘事明有農政全書六十卷徐光啓撰一農本二

田制三農事四水利五農器六樹藝七蠶桑八種植九牧養十製造末以荒政終焉鉅細靡遺常變悉備雖未足補神農野老之佚實已攬農圃之大全也

朝廷敦本重農羣沾樂利即沿邊各省亦皆議興屯墾試辦蠶桑可謂知所本計矣

欽命四書詩題

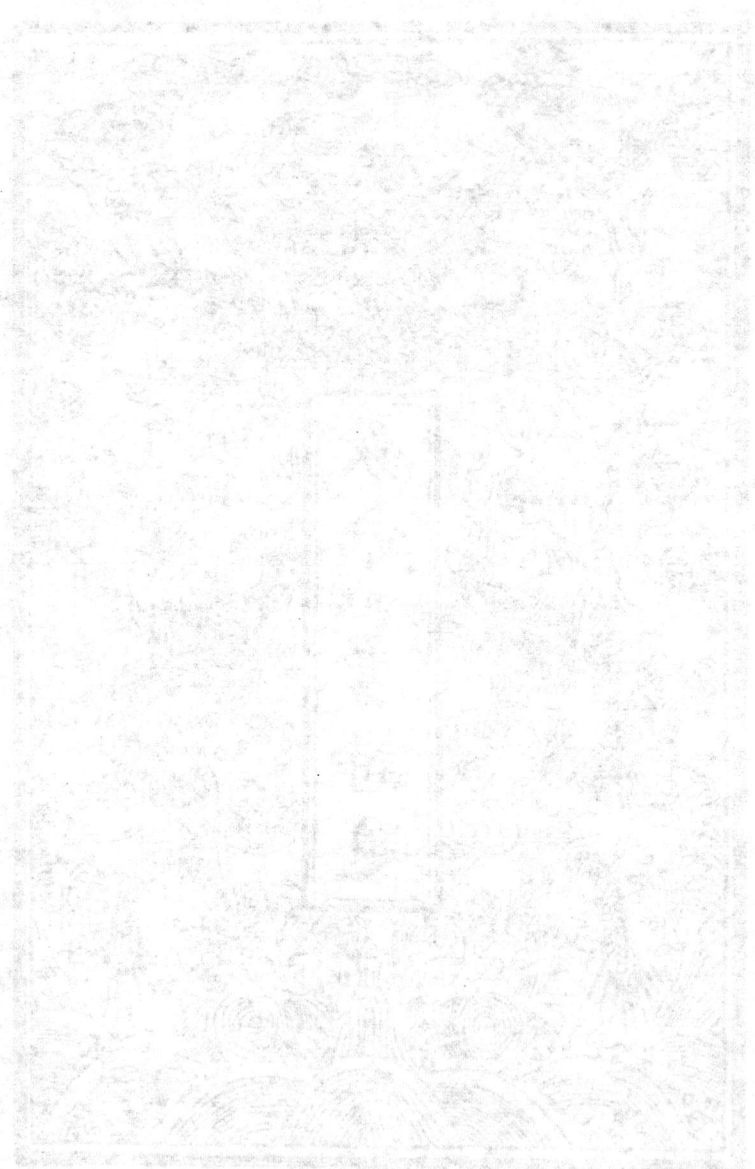

孟錫珏

字玉雙行二叉行七同治壬申十月二十七日吉時生係順天府[illegible]平縣府學附生民籍祖籍天津縣

始祖全恩 明由山東兖州府鄒縣始遷居天津

二世祖鉉雲 明庠生

三世祖宗孔 例贈修職郎

四世祖嘉會 國學生 例贈修職郎

高祖芳鄰 例贈修職郎

太妣氏王 例贈孺人

三世伯祖希孔 法孔

四世嫡堂叔祖嘉賓 嘉慶 嘉純 嘉鍛

堂太高伯叔祖芳若 芳聲 芳譽 芳郁

高伯叔祖楠 國學生 莊 從九品

堂高伯叔祖基 萱 英 芸 藝

曾伯叔祖裕倉 裕壽 裕謙 國學生 裕順 裕藻

堂曾伯叔祖裕基 裕光 裕昆 天津庠生 裕堃

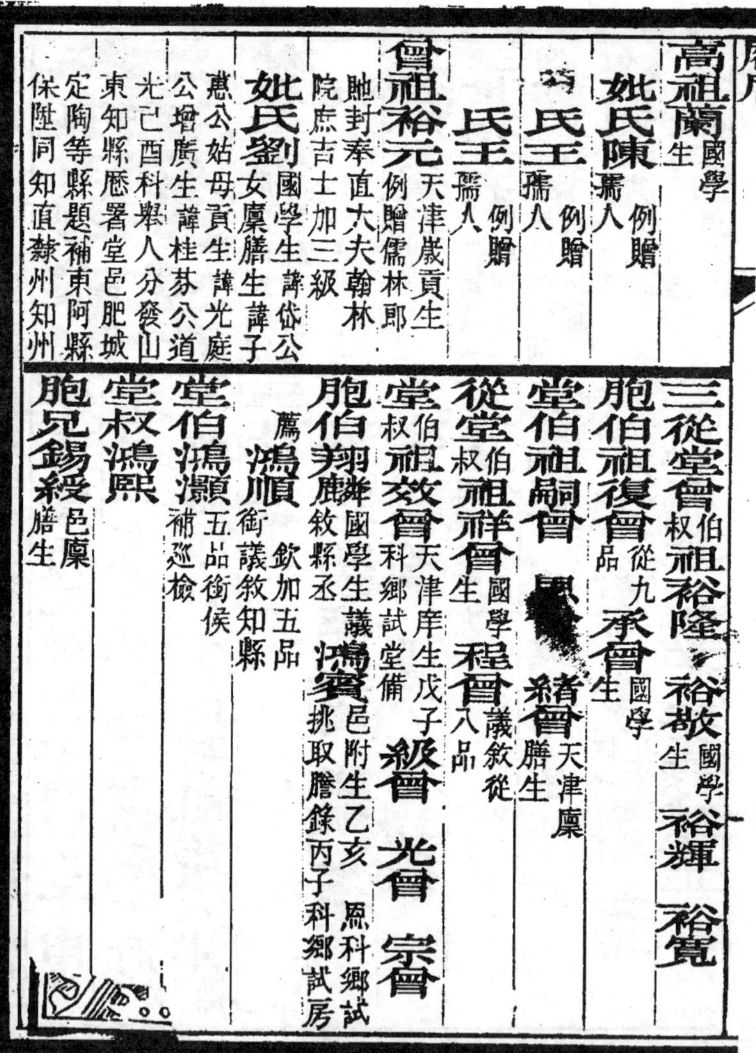

履

高祖蘭 國學生

妣氏陳 例贈孺人

[illegible]氏王 例贈孺人

氏王 例贈孺人

曾祖裕元 天津歲貢生 例贈儒林郎 貤封奉直大夫翰林院庶吉士加三級

妣氏劉 國學生諱岱公女 廩膳生諱子惠公姑母 貢生諱光庭公增廣生諱桂芬公道光己酉科舉人分發山東知縣歷署堂邑肥城定陶等縣題補東阿縣保陞同知直隸州知州

三從堂曾伯叔祖裕隆 裕敬 國學生 裕輝 裕寬

胞伯祖復曾 從九品 承曾 國學生

堂伯祖嗣曾 [illegible] 緒曾 天津廩膳生

從堂伯叔祖祥曾 國學生 程曾 議敘從八品

堂伯叔祖玆曾 天津庠生戊子科鄉試堂備 紱曾 光曾 宗曾

胞伯翔麟 國學生議敘縣丞 鴻賓 邑附生乙亥恩科鄉試挑取謄錄丙子科鄉試房薦

鴻順 欽加五品銜議敘知縣

堂伯鴻灝 五品銜補巡檢候

堂叔鴻熙

胞兄錫綬 邑廩膳生

諱桂芳公祖姑母廩膳
生名恩晉附貢生諱恩
培附貢生名恩寯己卯
科舉人山西大挑知縣
名恩源庠生名恩波庠
生名恩灝庠生名恩洪
曾祖姑母壬午科舉人
丙戌科進士翰林院編
修　國史館協修甲午
恩科會試同考官丁
酉科陝西鄉試副考官
山西道監察御史截取
知府名學謙甲午科同
榜舉人名學濂高祖姑
母　敕封安人
貤封宜人
祖趙曾　國學生議敘縣丞
敕授承德郎
貤封奉直大夫翰林
院庶吉士加三級

嫡堂兄弟錫金　錫祉國學生　錫光
從堂兄家棟　家林　家粱
胞姪廣森　廣垚幼讀
堂姪廣居
胞妹七待字
娶劉氏　覃恩一品封典總兵銜花翎儘先副將咸
勇巴圖魯前署直隸大沽中軍都司管帶水
雷營管帶廣東薙洲海輪船現統帶湖北護軍中
營印恩榮公女花翎儘先補用遊擊諱恩溥公胞
姪女天津縣庠生名蘊真
嫡堂妹文童名治彝胞姊
繼娶紀氏文安縣廩膳生道光甲辰　恩科舉人咸
豐癸丑科進士吏部文選司考功司主事
幫掌考功司印兼管飯銀處題陞員外郎晉封中
憲大夫諱賜公姪孫女道光己酉科拔貢生充補

履歷　二

妣氏王 六品職銜諱者魁公女 敕封安人 貤封宜人

父兆熊 欽加五品銜候選按察司經歷 誥封奉直大夫翰林院庶吉士加三級

母氏張 欽加五品銜光祿寺署正諱朝英公女 欽加理問銜現任黑龍江綏化廳經歷名拱宸候選縣丞名惟賓佾生名文鉦胞姊 敕封安人 誥贈宜人

繼母氏王 例贈儒林郎諱立亭公女 誥封宜人

正藍旗官學漢教習選授江西新淦縣知縣 欽加同知銜名昶公孫女太醫院院使諱振綱公堂姪孫女庠生諱芳桂公女武庠生藍翎千總職銜名端公堂姪女監生名恩齡童生名恩孚胞妹

子

女

庭訓

受業肄業師謹依先後爲序

李閬如夫子印紹閎同治庚午科舉人景山官學漢教習現湖北候補知縣

賀墨川夫子諱增鹽山縣廩膳生

王蒓華夫子印毓藻己卯科舉人候選知縣

楊耩一夫子印孝惟山東即墨縣廩膳生

于書六夫子印正孚丙子科舉人大挑知縣

江心齋夫子印正先山東即墨縣歲貢生候選教諭

鄭東甫夫子印杲庚辰科進士刑部員外郎

劉益齋夫子　印　學謙　履歷詳前

太年伯徐偉侯夫子　諱　家杰　前主講金臺書院

李少東夫子　印　岷樑　現任津海關道

沈子敦夫子　印　家本　前任天津府知府

李勉林夫子　印　興銳　前任長蘆鹽運使

月汀夫子　印　景星　前任長蘆鹽運使

高仲瀛夫子　印　驂麟　前任天津河間兵備道

梁敬之夫子　印　丹銘　現任天津府知府

馮少芝夫子　印　清泰　現任天津府分府

陳瑞伯夫子　印　鴻保　前任天津縣知縣

呂秋樵夫子 印 增祥 現任天津縣知縣

王燮石夫子 印 文韶 前任直隸總督

受知師

周生霖夫子 諱 德潤 前任順天學政

張漢三夫子 印 學華 甲午科鄉試同考官

藍雲階夫子 印 允升 甲午科鄉試大主考

徐頌閣夫子 印 郙 甲午科鄉試大主考本科覆試閱卷大臣 朝考閱卷大臣教習庶吉士

允升夫子 印 長萃 甲午科鄉試大主考

楊鞏圃夫子 印 頤 甲午科鄉試大主考本科覆試閱卷大臣 朝考閱卷大臣

吳雁舟夫子 印 家瑞 乙未科會試同考官

朱古微夫子 印 祖謀 本科會試同考官

孫燮臣夫子 印 家鼐 本科會試大總裁

徐壽衡夫子 印 樹銘 本科會試大總裁

舜臣夫子 印 文治 本科會試大總裁

徐東甫夫子 印 會澧 本科會試大總裁

宗室筱峰夫子 印 崑岡 覆試閱卷大臣 殿試讀卷大臣 朝考閱卷大臣教習庶吉士

翁叔平夫子 印 同龢 覆試閱卷大臣

許筠庵夫子 印 應騤 覆試閱卷大臣 朝考閱卷大臣教習庶吉士

穎芝夫子 印 啟秀 覆試閱卷大臣

壽田夫子 印 裕德 覆試閱卷大臣 朝考閱卷大臣

唐春卿夫子 印 景崇 覆試閱卷大臣 殿試讀卷大臣 朝考閱卷大臣

梁湘南夫子 印 仲衡 覆試閱卷大臣 殿試讀卷大臣 朝考閱卷大臣

宗室子年夫子 印 壽耆 覆試閱卷大臣 朝考閱卷大臣

宗室達齋夫子 印 綿文 覆試閱卷大臣 殿試讀卷大臣

宗室允廷夫子 印 阿克丹 覆試閱卷大臣 殿試讀卷大臣

宗室玉岑夫子 印 溥良 殿試讀卷大臣

胡芸楣夫子 印 燏棻 殿試讀卷大臣

廖仲山夫子 印 壽恒 朝考閱卷大臣

安甫夫子 印 潤普通武 朝考閱卷大臣

竹岡夫子 印 鳳鳴 朝考閱卷大臣

業師

仲菉夫子 印 准良 朝考閱卷大臣

劉博泉夫子 印 恩溥 本科會試知貢舉

朱艾卿夫子 印 益濬 教習庶吉士

鄉試中式第三百六十六名

覆試第二等第一名

會試中式第四十一名

覆試第一等第三十四名

殿試第二甲第七名

朝考第一等第七十一名

欽點翰林院庶吉士

族繁不及悉載

世居

會試硃卷 光緒戊戌科

中式第四十一名貢士孟錫珏順天府宛平縣府學附生民籍

同考試官翰林院編修國史館協修會典館總纂加三級朱 薦閱

批 詞達理舉經策淵深

大總裁兵部右侍郎加三級文 取 批

又 批 機神翔洽經策博通

大總裁吏部右侍郎署禮部左侍郎管理戶部三庫事務玉牒館副總裁上書房行走加三級徐 取 批

又 批 氣局光昌經策條達

大總裁經筵講官都察院左都御史稽查左翼覺羅學加三級徐 取 批

又 批 思力沈厚經策淹貫

大總裁經筵講官毓慶宮行走頭品頂戴吏部尚書會典館副總裁兼管順天府府尹事務加三級孫 中 批

又 批 詞旨圓湛經策詳贍

本房原薦批

從大學末章說入探原立論復以治亂二字筦攝兩章往復迴環雍容渾雅其醞釀者深矣次奧衍後二尤勝孟藝充寔詩工

二場解經不窮筆亦淵茂策條對博洽

聚奎堂原批

眞力彌滿題蘊畢宣次三清暢詩諧

子曰放於利而行多怨子曰能以禮讓爲國乎何有不能以禮讓爲國如禮何

孟錫珏

利與禮皆係於國並舉之以揭治亂之原焉夫利豈即以致亂而集怨實爲亂階禮本足以致治而不讓終非治本爲國者審之哉且大學功極治平而務財用則指其害興仁讓則示其機識者於以覘治亂焉夫利權本君所當操禮教亦世所夙尙所患一人專欲幾窮萬物之生百度空存轉失先王之旨於是上言利而亂斯肇上行禮而治仍乖聖人懼焉警言利之弊明行禮之眞俾有國者知財用之不當務仁讓之有由興斯治亂之原益深切著明矣

不然夫子罕言利雅言禮而此獨連類及之蓋深揆治亂之原而知利與禮之係於國者大也生民有嗜欲美利原可公不可私有聖人出闢天下利源所以給其欲握天下利柄所以劑其平故億萬姓生養之資統諸一人乃倍深食德飲和之感創制寓精心大禮原由本以及末惟王者作求詳於禮數以垂可象之儀更求深於禮意以幾無形之化故數百年涵濡之澤考厥實際乃不在冠裳玉帛之間由是言之利用厚生何有於亂其亂也皆放於利者召之也子曰蘊利生孽理有必然行之久而怨益多上下交征危國之道也何爲國者不儆於早也抑且禮以坊民何患不治其不

治也皆不能讓者誤之也子曰辭讓之心人所同具能以是斯禮不虛遐邇同風郅隆之軌也何爲國者不求其實也處度支代匱之秋本難覩理財爲緩計然而老成籌國終不進朘削之策者爲萬姓恤脂膏實爲國家留元氣蓋弭亂早在無形也至若計臣用事遠大概非所顧矣乘急用之時其言易入有可憑之勢其法必行當夫谿壑務盈方謂搜括無遺稍釋憂貧之患究之閭閻重足億兆離心古今言利之朝未有不激成禍變者其亦悖入悖出理固不容或爽耳君子觀斂怨爲德之始而蘇計利彌工流極愈不堪設想也際世運變遷而後何能持舊典以匡時然而聖賢論治

必期諸大同之化者爲一世戢爭心卽爲百世蒸茂俗蓋圖治自有其本也奈何叔季相沿偷薄竟不易返也聞王道者以爲迂闊不切事情急功利者每曰卑之無甚高論卽或振興有志亦似鋪張盛典上追制作之隆究之虛文僅具實意無關古今禮法徒循絕未有釀成盛治者良由上行下效事本無從幸致耳君子溯型仁講讓之由深望禮俗丕興遺澤庶不致泯絕也爲國者可勿留意哉。

不誠無物　孟錫珏

本具之理不克葆而載是理者難恃矣夫有是誠而後物不麗於虛一有不誠則載此誠者尙可恃以徒存乎且夫耳目官也形骸器也自有充實於中者以爲之宰於是得所附麗而耳目形骸之用乃能相恃以爲功故以官器之實衡理道之虛似合之無所增離之亦無所損不知日日與之合理道自與爲緣一時與之離官器亦難空守葢理道爲實官器爲虛合則不知而離則立見也誠爲物之終始是物本無始有誠乃有始物本無終有誠乃有終且亦本無物有誠而後有物也然則誠之既具豈猶慮無物乎哉瀰

無妄之原早隨降衷以賦畀則缺陷不留於性始後起之故且不能與誠意相參詎至澌滅陵夷蕩然無以完其本探無僞之宰本隨日用以流行則精微祇寓於無形自反之餘且不解此誠何屬豈或游移惝怳塊然有以失其心審是心無不誠卽物無不有也雖然豈能謂人之必無不誠哉由己之仁而不免日月至焉也至之時誠則凡不至之時皆不誠是卽賢者之心亦且誠時暫而不誠時久也夫不誠之時卽暫而此須臾之蕩佚方寸已無自主之權又何論云爲動作之相持於久乎操存之心而莫知出入之鄉也於此僅入於誠則於彼已皆出於不誠是凡學者之心固皆誠

處少而不誠處多也夫不誠之處卽少而此一事之張皇虛靈已失因應之妙又何怪視聽食味之多若不知乎不誠無物有斷然矣然勿以無物之故遂謂誠本難恃也誠本與物爲一人實以不誠外之外之而誠之與物幾若難恃其彌綸我方不知無物而誠已先漓我既自知不誠而物又焉託夫以一息無間之誠淬僞偶滋已盡改乎常度是物物之中誠皆操主持之要而物之必恃有誠者驗之於不誠而益信也安得以或卽或離謂此誠亦涉恍惚也哉且勿於不誠之時猶謂物自可恃也物本因誠而具人忽以不誠判之判之而物自爲物或者可恃以周旋於無形處求誠誠

固宰乎物之先於有形處驗物物似超乎誠之表豈知確鑿可指之物實意一泯遂莫按其主名而一誠之外物更無自見之迹是物之不可不誠者直至於無物而始見也安得以從容俯仰謂是物猶全本質也哉然則由不誠以求誠誠之之功君子能勿勉歟

所以動心忍性曾益　其所不能

孟錫珏

天有動忍曾益之功知厄以境者非虛也夫心何以動性何以忍不能何以曾益皆天厄之者之功也不可即此決所以哉且苟天下之艱者貴有養理天下之賾者恃乎才顧當養未深才未備欲少寬假而震撼危疑旋起而迫之以爲易圖而蕃變紛紜立出而阻之此際智勇俱窮洵極人生之不幸乃卒之或十年或數十年沉鬱久而涵養彌深閱歷多而才猷益顯以是爲人之克完其量也而不知皆天之玉汝於成也大任將降先以勞苦諸境厄之天於此誠何意哉形骸既具即必與吉凶悔吝爲緣似氣數艱危亦

遭際之偶然不必有默冥主持之事乃何以上下千年之如出一轍者造物不言而實非無意於其間也此則天心之可代白者也懷抱既殊自必以遠大純全爲志似規模夐絕本平生之自命初不關此身境遇之奇乃何以舜說諸人之後先同揆者往事堪徵要確非無端而自致也此又局外之可推測者也然則天所以待是人者可知矣奇傑固英雄本色進以練達之誼斯其器彌宏於是密而課之心隱而勘之性切而核之所不能而帝王將相之全才皆若即抑塞磊落之時大充局量至教本天道鴻功獨至眷顧所鍾而其事益顯於是心必使之動性必使之忍不能必使之曾

益而嚴父良師之奢願皆若於於穆無形之表備盡裁成吾以歎天所以待是人者爲不苟也艱苦所嘗庸人皆思卻避是既才無可造天亦相與置之故前古後今腐朽盡同於草木獨此寥落數人由砥礪而成大器知動忍曾益盡其事於己固不易受其責於天尤不易也迨至事逢盤錯有從容鎮定之神時際艱難光雷雨經綸之烈讀史者推求本末幾謂篤生名世自有出羣軼類之姿不知其所以致此者蒼昊之功早已無能泯沒也且以歎是人所以承天者爲無負也屯艱所遘聖賢亦實難堪彼苟惡此而逃天豈能提而命之乃浮沉俯仰宇宙亦自有坦途獨此拂逆諸端雖

歷試仍徵素志知心性才能肇其端者恃乎天底於成者終恃乎人也是故有守有爲本末直渾合而一立功立德窮通兼不朽之三知人者綜厥生平不待大顯身名早識天民大人之量亦謂其所以無憾者本負之積固將鬱而必發也蓋至是而後天降大任焉天豈徒厄之哉

賦得雲補蒼山缺處齊 得山字五言八韻

孟錫珏

雲影齊如截蒼茫列嶂間補來頻擁樹缺處恍橫山作勢成
峯幻無心出岫閒遠猶留一角平不辨千鬟氣與虛嵐合光
隨積翠環尚披晴絮白俱隔夕陽殷帶雨都含潤因風欲破
顏
蓬萊饒麗景五色蔚斒斕

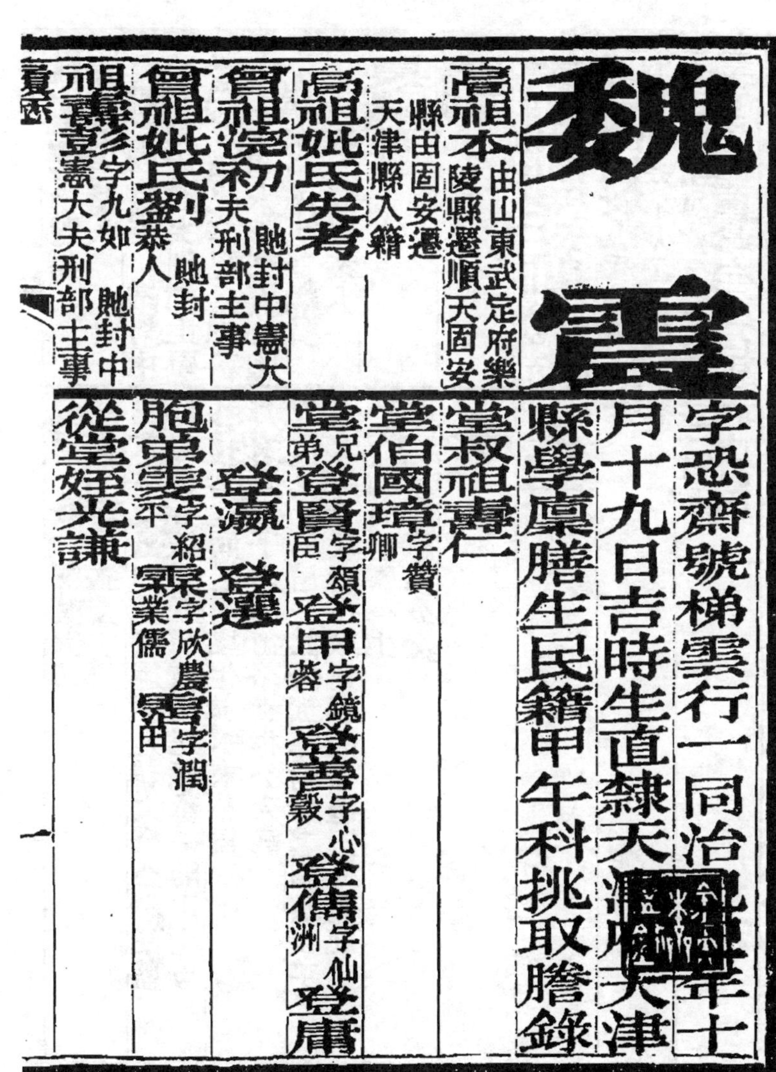

魏震

字恐齋號梯雲行一同治[illegible]年十月十九日吉時生直隸天津府天津縣學廩膳生民籍甲午科挑取謄錄

高祖本 由山東武定府樂陵縣遷順天固安縣由固安遷天津縣人籍

高祖妣氏朱考

曾祖澆初 貤封中憲大夫刑部主事

曾祖妣氏劉 貤封恭人

祖彝彭 字九如 貤封中憲大夫刑部主事

堂叔祖壽仁

堂伯國璋 字贊卿

堂兄弟登賢 字頌臣　登用 字鏡蓉　登善 字心穀　登備 字仙洲　登庸

登瀛　登選

胞弟雯 字紹平　霖 字欣農　霂 業儒　雷 字潤田

從堂姪光謙

祖妣氏呂 恭人 貤封

父國泰 字階平 誥封中憲大夫刑部主事

母氏韋 道光辛巳恩科舉人諱來賢公胞姪女邑庠生諱繼賢公女 誥封恭人

具慶下

庭訓

胞姪卜謙 益謙俱幼

胞姑冉適寇 同邑候選從九諱文奎公繼配藍翎五品銜候選縣丞名畇田生母

胞姊適董 同邑國學生諱永來公長子六品銜名文彬公元配

胞妹適苗 同邑 誥授武德騎尉諱潤公長子候選布政司理問名遇田公繼配

娶丁氏 同邑國學生諱德滋公女

子

女三

受業師 課師受知師謹以先後爲序

同邑附生徐鳳章夫子人杰

表兄同邑國學生寇萬驤夫子畇田

同邑附貢生金鶴山夫子達瀾

同邑舉人朱紹武夫子樾昌

同邑副榜梅鶴山夫子寶晨

同邑舉人大挑浙江知縣尹澄甫夫子淮

同邑廪貢生候選訓導梅小樹夫子寶璐

同邑副榜張蘭卿太夫子鄉

掌教問津書院學海堂會稽李越縵夫子慈銘

掌教問津書院甘泉殷秋樵夫子如璋

掌教問津書院錢塘戴青來夫子兆春

[illegible]

學教問津書院江陰陳夢陶夫子名沅

學教問津書院學海堂金壇馮夢華夫子煦

學教問津書院學海堂錢塘吳子修夫子慶坻

學教輔仁書院同邑楊香吟夫子光儀

大學士前直隸總督紉設學海堂經古課合肥李少荃夫子鴻章

前長蘆鹽運使滿洲裕如夫子額勒精額

前長蘆鹽運使蒲圻賀幼甫夫子長楨

前長蘆鹽運使江陰李士周夫子邦楨

前長蘆鹽運使平定李亦青夫子希蓮

前長蘆鹽運使瀋陽李勉林夫子興銳
前長蘆鹽運使滿洲月汀夫子景星
前津海關道武進盛杏蓀夫子宣懷
前津海關道廬江劉獻夫夫子汝翼
前津海關道順德黄花農夫子建筦
現任津海關道安縣李少東夫子岷琛
前天津道宣城劉景韓夫子樹堂
前天津道泗州胡雲楣夫子燏棻 現授候補侍郎前任順天府府尹 丁酉科鄉試監臨 本科殿試讀卷大臣
前天津道仁和方勉甫夫子恭釗

現任天津道仁和高仲瀛夫子驂麟

前長蘆鹽運同慈谿嚴小舫夫子厚

前天津府知府剏設稽古書院錢塘汪子長夫子守正

前天津府知府淄川鄒岱東夫子振岳

前天津府知府歸安沈子惇夫子家本

現任天津府知府博山梁敬之夫子丹銘

現任天津分府桐鄉馮少芝夫子清泰

前天津縣知縣海甯陳瑞伯夫子鴻保

望都縣知縣長樂李星野夫子兆珍

覆校稽古會文兩書院元和陸鳳石夫子潤庠

前天津河間兵備道崇安萬蓮初夫子培因

前直隸總督現任戶部尚書軍機大臣仁和王夔石夫子文韶

前天津縣知縣現任灤州知州吳縣李搏霄夫子振鵬

現任天津縣知縣滁州呂秋樵夫子增祥

前順天學政錢塘孫子授夫子詒經蒙取入縣學

前順天學政順德李若農夫子文田蒙取一等補廩

吏部右侍郎諸城徐東甫夫子會澧前任順天學政丁酉科鄉試覆試閱卷大臣本科會試大總裁

辛卯科鄉試同考官醴泉宋子鈍夫子伯魯蒙薦卷

甲午科鄉試同考官泗州楊蓮府夫子士驤蒙薦馬卷

吏部尚書協辦大學士壽州孫燮臣夫子家鼐丁酉科鄉試大主考本科會試大總裁

兵部尚書嘉定徐頌閣夫子郙丁酉科鄉試大主考本科覆試閱卷大臣　朝考閱卷大臣

都察院左都御史滿洲壽田夫子裕德丁酉科鄉試大主考本科覆試閱卷大臣　朝考閱卷大臣

戶部右侍郎宗室玉岑夫子溥良丁酉科鄉試大主考本科會試知貢舉　殿試讀卷大臣

翰林院侍講元和鄒詠春夫子福保丁酉科鄉試同考官

都察院左都御史長沙徐壽蘅夫子樹銘本科會試大總裁　殿試讀卷大臣

兵部右侍郎滿洲叔平夫子文治本科會試大總裁

翰林院編修漢軍李柳溪夫子家駒本科會試同考官

前戶部尚書協辦大學士常熟翁叔平夫子同龢丁酉科鄉試覆試閱卷大臣本科覆試閱卷大臣

大學士宗室峻峰夫子崑岡丁酉科鄉試覆試閱卷大臣本科覆試閱卷大臣殿試讀卷大臣朝考閱卷大臣

閩浙總督前禮部尚書番禺許筠菴夫子應騤本科覆試閱卷大臣朝考閱卷大臣

禮部尚書軍機大臣嘉定廖仲山夫子壽恆丁酉科鄉試覆試閱卷大臣本科朝考閱卷大臣

刑部右侍郎安肅梁湘南夫子仲衡本科覆試閱卷大臣殿試讀卷大臣朝考閱卷大臣

禮部右侍郎灌陽唐春卿夫子景崇丁酉科鄉試覆試閱卷大臣本科覆試閱卷大臣殿試讀卷朝考閱卷大臣

兵部左侍郎茂名楊蓉圃夫子頤丁酉科鄉試覆試閱卷大臣朝考閱卷大臣

理藩院尚書滿洲穎之夫子啟秀丁酉科鄉試覆試閱卷大臣本科覆試閱卷大臣

刑部左侍郎宗室允庭夫子阿克丹本科覆試閱卷大臣殿試讀卷大臣

五

內閣學士兼禮部侍郎銜宗室子年夫子壽耆本科覆試閱卷大臣 朝考閱卷大臣

內閣學士兼禮部侍郎銜宗室達齋夫子綿文本科覆試閱卷大臣 殿試讀卷大臣

工部右侍郎滿洲竹岡夫子鳳鳴本科 朝考閱卷大臣

內閣學士兼禮部侍郎銜滿洲妥甫夫子闊普通武本科 朝考閱卷大臣

內閣學士兼禮部侍郎銜滿洲仲英夫子準良本科 朝考閱卷大臣

甲午科鄉試挑取謄錄第十七名

丁酉科鄉試中式第三十一名

保和殿覆試一等第二名

會試中式第一百九十八名

保和殿覆試二等第十五名

殿試二甲第四十八名

朝考二等第四十五名

欽點主事籤分刑部

族繁不及備載

現居府城北針市街

鄉試

于豹文

高祖佾龍 庠膳生傳稿行世著文行名
曾祖京 增廣生著孝行名
祖开 廩貢生候選儒學訓導
祖母張氏
父廷獻 廩貢生候選儒學訓導
母周氏 誥贈中憲大夫諱武度公女
重慶下

字虹庭號蔚州行一康熙庚子年五月十七日生直
隷天津府天津縣民籍府學廩膳生習易經
嫡堂伯凝祺 康熙丁酉舉人雍正甲辰進士 特簡湖廣孝感縣知縣調補江南祁門縣知
縣凝禔 庠生 凝祉 庠生
嫡叔凝獻 庠生 揚獻 庠生
嫡堂弟夔文 嶧文 峨文 嵩文 俱幼
聘王氏 乾隆丙辰舉人丁巳會試登明通榜即選儒學教諭諱緯公女
侄元昇 庠生

鄉試第　六　名

周人麒

字次遊號月江行五乙酉年九月初九日生直隸天津府天津縣民籍附學生習詩經

高祖尚文 儒官

曾祖維新 庠生

祖霞 貤贈朝議大夫禮部精膳司主事

祖母劉氏 貤贈恭人

父式廓 太學生

母姜氏 滄州庠生諱調鼎公女

金氏 邑庠生諱我誠公女

田氏 處士諱振 公女

永感下

胞叔式度 出繼伯祖 庠生 誥贈中憲大夫山西蒲州府知府

堂叔式玉 式序

胞兄人鳳 增廣生

嫡堂兄人龍 康熙戊子己丑聯捷進士山西蒲州府知府 驥 雍正丙午經元丁未聯捷進士翰林院編修丙辰恩科福建副主考

胞弟人鵬 庠生

元配梁氏 武清庠生諱擎乾公女

繼娶劉氏 處士諱振宗公女

子鏊 幼

胞姪鑾 庠生 鎏 幼

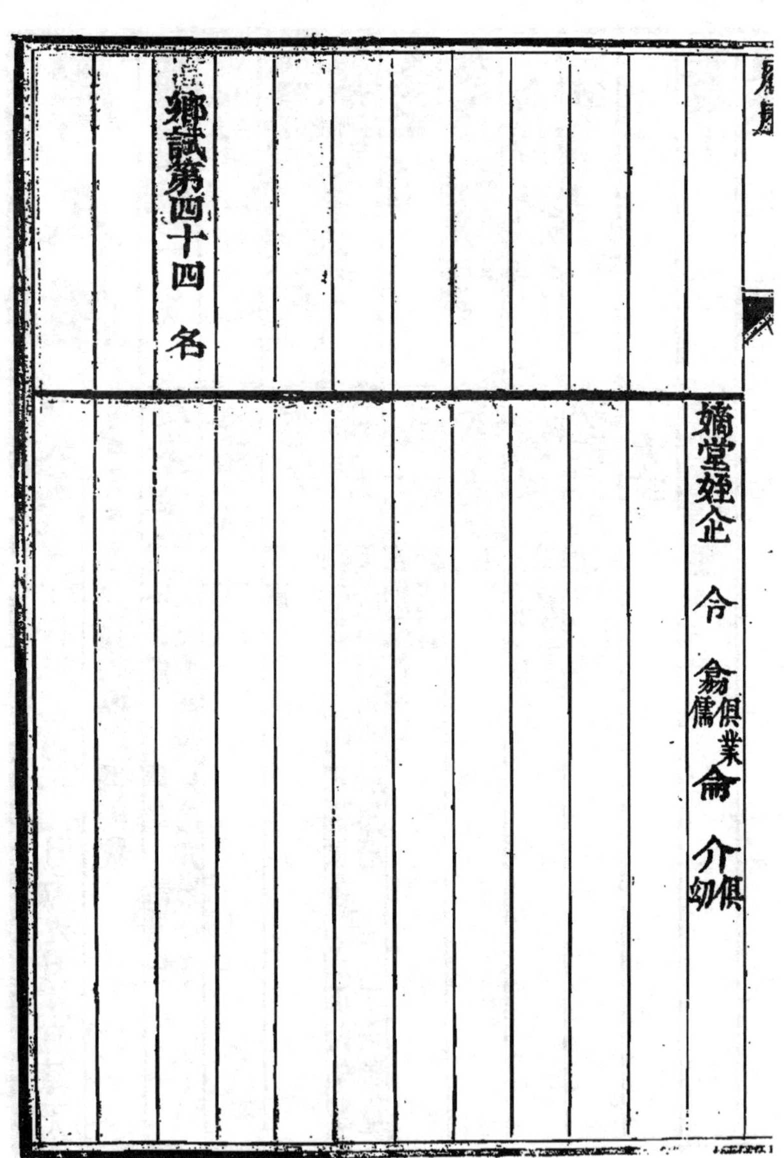

嫡堂姪企　令　翕儒俱業　俞　介幼俱

鄉試第四十四名

靳世菁

字義山號　行一　壬辰年正月初二日生直隸天津府天津縣國學生民籍治詩經

高高祖琚儒士

高祖長慶歲貢生廷試賜七品服色冠帶榮身

曾祖廷麟儒士

祖家輻誥封文林郎

祖母張氏

父連庚子科舉人選陝西汧陽縣知縣縂調山陽縣知縣

母宋氏庠生誥贈奉直大夫諱註公女

繼母費氏

嫡堂伯叔恂候選州同知　濱業儒　觀廩膳候選州同知　樸庠生　枚　淳

胞叔儒業儒　達俱業儒

堂兄弟世昌庠生　世隆國學生　世昇

胞弟世登業儒

堂姪岳業儒　崑　岐　嵩　峻　崇俱幼

娶張氏

子嵩業儒　峪幼

慈侍下

鄉試第一百四十四名

張文運

字苑賓號若谷行七丙申年四月二十一日未時生

直隸天津府天津縣廩膳生民籍習詩經

曾祖廷瑞

曾祖母劉氏

祖公弼覃恩貤封奉政大夫御前侍衛

祖母劉氏覃恩貤封宜人

父紹統

母鮑氏

慶下

叔紹緒覃恩誥封奉政大夫御前侍衛

兄文博生　國學　文彬生　廩監　文明丁未科武進士御前侍衛現任廣東廣州府中軍守府　文光

弟文焯

姪思聰　思義　思棻　思齊　思訓　思庚

思正　俱業儒

妻

子

鄉試第二百三十九名

欽命四書詩題

楊秉鐸

字立三號路衜行一己亥年十一月初四日生直隸天津府天津縣民籍府學廩膳生壬申科副榜習易經

高祖元禎太學生

高祖母李氏張氏

曾祖達芳太學生

曾祖母王氏許氏

祖瑾

祖母張氏

父仁滋

母李氏諱國禎公女乾隆十七年奉

伯叔祖琦 瑜 玠

堂伯叔天滋 德滋 桂滋 有滋庠生 必滋庠生 漸滋候選州同知

胞叔義滋候選州同知

堂兄弟延祉 延祚 延祐 延祺 延福 延白 延蘊

候選州同知秉直廩膳生 秉燮 學誠庠生 學書庠生

嫡堂弟秉鈞 秉鉞 秉鏞 秉鑑

堂姪位 起運武庠生 伸 作霖 俊 倫 份

偉 作賓 休 佐庠生

履歷

旨旌表
節孝

嫡堂姪 煦 燮 煓

堂姪孫 繼震 繼善 繼宗

娶魏氏 諱鐸公長女同榜舉人諱泰胞姊

子 焯 煜 照

咸豐丙辰

鄉試第一百三十名

族繁不悉載

會試第 名

殿試第 名

順天鄉試硃卷 乾隆丙子科

中式第一百二十名楊秉鐸直隸天津府天津縣廩膳副榜貢生民籍習易經

同考試官翰林院編修加三級蔣 閱

薦

大主考刑部右侍郎加一級蔡 批

取

又批 細意熨貼好整以暇

大主考刑部尚書劉 批

中

批　文情斐亹氣度端凝

本房總批

罄澄心以凝思渺衆慮而
爲言盡洗鉛華獨標精警
可云苦心孤詣矣二場步
武徐庾三場囊括賈董尤
徵學古有年

提筆英挺

高唱而入

閔子侍側誾誾如也子路行行如也冉有子貢侃侃如也子樂

楊秉鐸

諸賢皆任道之資聖人顧之而神怡矣蓋夫子以傳道爲心者也閔子諸人非其選乎誾誾行行侃侃此所以顧而樂之也且吾黨之所以負其異於衆者類不關規模氣象間也然不言自芳卽一時外見之儀容正足畢聖人教育之深情而爲之一慰顧一堂晤對嗒然若忘而天倪露焉雖仔肩攸寄二三子尚有待裁成而訢合之機實有緣情而若繪者今夫大道之行未之逮三代之英尚可期於侍側者覩其槩矣中行其難覯矣眷懷所至每深狂簡之思乃屬在吾徒有

語必透宗

點次疎落

輝映於丹鉛几席間者神明之符采聚而分呈一室遂獨有其千古大行其有望乎意念所縈轉作歸來之想乃近在函丈有流露於威儀動作際者性命之菁華積而畢著聖心乃倍切其陶融然則侍側者果何如耶夫溫溫流藹吉之風嶽嶽抱懷方之志者非閔子乎言孝不間宰費必辭是可想見其丰裁也蓋誾誾如也若子路則有異業已尚勇貽譏猶裕兼人之氣非是雄冠請謁尚餘鼓瑟之風蓋行行如也是吾子路也而冉有子貢則又有異既不同謙退者蘊抑志於不言復不等果毅者騁競心於率爾視其外則剛斷有餘言乎內則和順不足蓋侃侃如也而斯時之夫子不既歷歷在目也哉以道

鬱紆頓挫
歌有聲舞
有容

全德備之躬弗克際會夫明良亦抑鬱誰語焉耳乃傳道幸得吾徒是辟雍鐘鼓之靈幾經澌滅而尚留此特達之姿也著顒卬於眉睫彼與此不相易內與外實相符意爲授而神爲釋卓越一堂皆可膺繼往開來之任而寂寞之餘頓增軒豁以斯人吾與之懷弗獲大展其經綸亦於邑無色焉耳乃大道賴有傳人是鸞旗芹藻之化幾被薰陶而果覩此圭璋之品也緬丰標之旁達師若弟兩際於自然形與神一歸於無間彼如贈而此如答磊落當前舉可延精一危微之緒而欣賞有自奚罄形容此夫子之樂所以不能已於懷歟要之吾黨日侍夫子凡一材一藝皆平昔所造就亦皆平昔所深悉也自一

邀聖心之怡悦記者遂臚舉曲摹有各得其性情者且令千百載後與申申天天並深嚮慕故奇傑異敏之士每恨不遇吾夫子也

本房加批

紆餘爲妍卓犖爲傑自是功成九轉之候

三而字神理躍如

籠題高渾氣象不羣

君子之道淡而不厭簡而文溫而理　楊秉鐸

徵闇章之實道之所以可久也夫君子非徒恃其淡簡溫也不厭而文且理有久而益盛者日章之實不於茲可見乎今使尋本究原苟無探之彌深者以相循則薄植亦易盡耳惟是內外互爲表裏略其迹者始得其真其初終自有引伸觀其深者愈知其淺事雖相反而理實相因夫固不必表異於人而人自無不知其異者闇然日章君子之道不深可思哉想其洞徹於措施之宜裕而務斬爲朴拙之存故云爲動作恒假還醇返璞者以爲衡而輝光內蘊時深人以攄精抉粹之思抑其有鑒於聲施之易敗而預泯其表暴之端故周旋進反

上下鈎勒水乳交融而字意味咀之愈出

早據斂華就實者以爲程而觀美外袪愈自安於匿采韜光之地今夫太和之氣渾穆爲先則淡尚矣顧飲食饜飫積而成風苟以枯寂之行謬托幽元則一覽無餘不幾索然其寡味乎以覿君子却華靡而不事恬和之下旨趣彌長崇皇古於不矜冲希之餘咀含靡盡蓋惟有菁華之獨謐故不致況味之易窮也則以爲不厭也有然遂古之風樸遬爲要則簡尚矣顧塗塈丹雘時有共趨苟以脫略之姿自鳴白賁則僞僿未除不且黯然而無色乎以覿君子縈縟在所必黜而明受以止恍雲漢以爲章華飾有所不爭而光發於潛擬日星而同煥蓋惟炳蔚罔炫於神明故儉素愈彰其焜耀也則以爲文也有

析鍼深細
眞綿裹針

然若夫亢厲之消謙尊爲貴則溫尚矣然和光混俗世有同心苟以雜糅之象妄附沖和則天懷無主奚能秩然而不亂乎以覩君子非不恊和平之聽而砥礪廉隅權衡不爽以毫釐何嘗矜介石之貞而縷析條分銖兩必嚴於徑寸蓋惟剛暴之胥融故能經緯之悉當也則以爲理也有然事不本含章之內斂雖粉飾日工終覺探索易竟君子之淡簡與溫固非致觀於外也蓄菁英於不露祗期在已無疵卒之積厚流光炳耀焉而莫能自秘則操修淵懿能勿叩方寸而思醞釀所從理不原眞誠之有素雖設施偶當究難攸往咸宜君子之不厭與文理亦非徒求之迹也安樸略以無奇寧巽旁觀相鑒卒之

息深達亹遏抑焉而舉可潛窺則性量冲融胡弗遺迹象而瀾發皇

之始君子之道所謂日章者葢如此而知幾之學從可識矣

本房加批

琢玉雕金良工不示人以璞

眼光四射

落落大方

〇〇〇〇〇〇曰若是則夫子過孟賁遠矣曰是不難告子先我不動心

楊秉鐸

擬人不以其倫借論焉而謬可見矣夫孟子之不動心豈强制所爲而丑顧以孟賁爲擬哉例以告子亦姑如其意以答之云爾從來衡人者必得其人之分量以爲斷而後旁引參觀皆可磬厥淵源而還以相証若騶聆者旣昧其義漫應者自難別其眞雖未嘗顯摘其謬而姑借異途者以爲徵則此中之相左已有流示於不言之表者矣如孟子四十不動心之說丑聞之吾意丑必將究乎孟子辨析之方與操持之力而後取古今人物能肩宏任鉅者以相比例庶幾得乎

興酣落筆
揺五嶽

山雨欲來
風滿樓

不動心之難而知吾孟子者固戰國諸子莫能或之先也何居乎丑顧以孟賁爲擬哉且夫不動心之難也古聖人有身任大業雖極之讒說殄行皆無以擾其神明之靜鎮者別黑白而定一尊實握於方寸之內而確有可憑更有生逢否塞雖投之龍蛇水火皆無以亂其淡定之天懷者歷萬變而宗一是咸操於宥密之中而挺然莫踰此未嘗不可上下而論定之也何居乎丑顧以孟賁爲擬哉今夫眛厥精微者不足與深言也背厥指歸者無庸與正論也黙燭乎紛紜蕃變之端而灼見所存初無幸於蹤幾其躋乎自然之域者固非疾非徐冒昧者不得而襲其跡也若茲之望而異之者何爲乎忘乎真而

尚是學鉤□□似筆□□透紙背

撓神一片

僅舉其似必將依乎似而反沒其眞臭味其差池矣按厥語言固亦等於執古而妄泥古而愚之例歷試之艱難困苦之途而定力不撓亦罔期於速化其卒乎所性之眞者固優游漸漬矯誣者不得而淆其界也若兹之震而驚之者安憑乎置乎神而但擬其迹轉恐獵乎迹而盡遺其神鑿枘則相違矣揆厥宗旨不過屛諸存而不論論而不議之餘彼言孟賁則語以告子可也彼方之孟賁以爲遠過則亦屬之告子以爲先我可也以是言不動心難乎否耶嗟乎時至戰國學術裂矣若莊周列禦寇之屬雖支離誕詭然皆自外名敎者也告子固儒者也强制爲能假托焉而心學益病先我之言雖借論以喻

手眼異人

丑已隱示以異同之辨矣故述知言養氣之功復舉告子以爲証云

本房加批

沉辭怫悅如游魚銜鈎而出重淵之深

欽命四書詩題

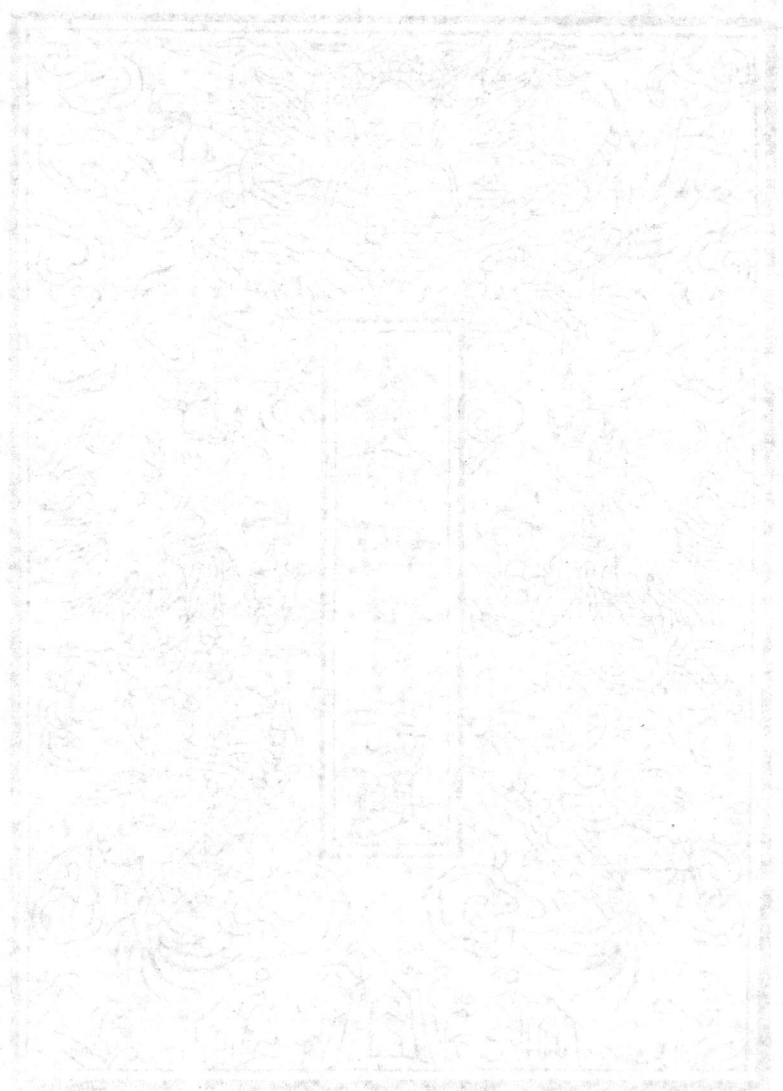

張紹廷

曾祖孝傑 太學生

曾祖母王氏

祖天受 承德郎

祖母穆氏

父琳 國學生

母章氏

繼母盧氏

嚴侍下

業師

字稚堂號賓筵行一乾隆辛巳年十月初五日吉時生

直隸天津府天津縣民籍廪膳生乙卯 恩科副榜

胞弟 優貢生 翙廷 增生 錦廷

娶聶氏 諱倘信公次女

子一 貢生花翎分省補用知府 恩元 字仲三

重亢

孫 國學生候選理問 維翰 字錫純

曾孫 國學生四品封典承嗣向庚長子 文衡 字秉權

玄孫 候補府經歷 華莊 字紉權

祖免孫 世圭

曾孫 監生五品頂戴 文靖 字治安

[illegible]

武老夫子諱世鈞優廩生

陳老夫子諱躋堂廩膳生

田老夫子諱晁龍優廩生

恩師

吳老夫子諱芳培翰林院侍讀現任河南學院

孫花翎選用運同維彥字英若

曾孫監提舉文誥字向庚

玄孫奎莊出嗣秉權為子 待莊字英孫

蓮莊字幼庚 仕莊字若孫

子國學生道銜員外郎分部行走恩承字泰菴

孫國學生翰林院待詔致承和字靜波

曾孫童生五品頂戴文藻字繡林

童生六品軍功玉藻字煥芹

孫花翎四品銜承嗣雲書公次子肇中字進德

曾孫布政使司理問嘉藻字蔭卿

玄孫六品頂戴克勤字少卿

孫議敘五品軍功選用州同致祥字雲書
次子出繼建德公爲子

曾孫增廣生光緒己酉鄉試謄錄候選訓導寶藻字輔臣

玄孫監生克興字子臣

花翎五品頂選用縣丞克禮字雲孫

袒免孫學志

玄孫候選同知克義字仁五

袒免孫學謙

玄孫五品頂戴克伸字少臣

袒免孫學强

孫國學生中書科中書致隆字昊青

曾孫光祿寺署正振藻字彩軒

二

乙卯　恩科副榜第六名
鄉試第一百十四名
會試第　名
殿試第　甲第　名
欽點

孫庠生光緒壬午鄉試謄錄候選教授致道字筱菴
曾孫附生蘭字芷田
武備學堂畢業花翎都司蓉字孚敬

族繫祗載本支

順天鄉試硃卷嘉慶辛酉科

中式第一百十四名張紹廷直隸天津府天津縣民籍廩膳生乙卯　恩科副榜

署房官文淵閣校理國史館纂修翰林院修撰加三級又隨帶加一級紀錄二次王　閱

薦

大主考日講起居注官詹事府詹事加三級邵　批

取

又　批　骨俊神清思沉力厚

大主考刑部右侍郎署兵部右侍郎加三級初　批

取

又　批　格正詞醇理真法密

大主考經筵講官太子太保東閣大學士加三級王　批

中

又批　亮拔不羣卓犖爲傑

本房總批

體格則岳峙淵渟風度則金和玉節磨礲去圭角浸潤著光晶所謂藻耀高翔文筆之鳴鳳也韻語佩實銜華經義抉微闡奥五策博洽辭明以此珥筆昇平洵屬瀛臺妙品

宛轉如題

夫仁者己欲立而立人己欲達而達人　　張紹廷

以心印天下之心仁可欲而至也夫立人達人仁遍乎天下矣而本之乎欲則足乎己而無待乎外也何施濟爲哉今夫事功必本乎性功而治法胥由乎心法非欲舍其實而課乎虛也蓋布之外者推暨焉而易窮而運乎中者引伸焉而靡盡誠審乎物我同原之故以躋其胞與大共之懷則驗之天下而無不遍者即總之一心而無不足所謂仁也賜以博施濟衆當之乎是但知博愛之謂仁而不知克己之爲仁也夫仁者果何如乎處乾父坤母之中本無不同之心理故一饑一溺仁者不能平其慽而未嘗不自緩其

淸容一氣

題蘊曲包 再接再厲

心兢貞性含生之類具有各足之天良故已治已安仁者不敢有其功而未嘗不大快其願仁固不言民衆也徵之人已而已不待濟施也求之立達而已夫人之立人之遠責之已而非以衒乎人而已之立已之達驗之人而無難通其欲爲君相者恃乎權仁者之立達不恃權以爲功而吉凶可以同其患謀以耕織未必人盡農桑澤以書詩未必人皆絃誦唯此太和之翔洽一動念而民物皆環權之所不屬者欲得而遍之即有立之而不盡立達之而未盡達而揆之仁者之隱願初未嘗稍涉于偏私何則仁者固欲其皆立欲其皆達也有位德者待乎時仁者之立達不待時而始衍

透宗語

搜剔無遺義

而好惡可以類其情豈無衣食之慾而推解難周豈無誓誥之頒而詐疑已兆惟此一心之保合贊化育而天地可參時之所未遂者欲得而周之即有立之而不遽立達之而不遽達而返之仁者之本懷初未嘗稍分其徐疾何則仁者固欲其即立欲其即達也必舍已而務人其失也妄即謀已而忘人其失也私仁者見已不見人焉正德利用厚生皆從緒繇中涵濡而出而側身聲布已兼帝王之豐功偉烈以大其經綸必強人以附已適見其離即由已以及人亦形其隔仁者視人猶視已焉和親康平安樂皆從心性內醞釀而成而不出戶庭已統四方之異俗殊風以神其鼓舞仁

者之體。如是而已施濟云乎哉。

本房加批

蹈虛則浮摭實則滯惟此融會理解虛實兼到

筆如轆轤一折一醒

昭晰

忠恕違道不遠施之己而不願亦勿施於人　張紹廷

恕由忠而出道驗于人己間矣夫恕必本于忠而道必本忠以行恕違之不遠尚于人己之間善所施哉嘗思道之大原出于天似天之所設而非人之所自致也顧言天而不言人則道淪虛渺言人而不言己則道病泛馳惟人與己會其通斯己與天觀其合而道乃近取卽是矣吾言道之不遠証之以人治人夫人者對己而言道者合己與人而交盡欲己之無歉于道而忠以立欲人之不異于己而恕以行中心爲忠有盈缶而孚之象倘片念不根于无妄則偏陂已兆于無形而道必離而思去如心爲恕有合同而化

疏則警醒

折落頗不費力

之機倘一意不本于大公則物我已形其間隔而忠亦僞而不眞然則忠與恕相蒴而行忠恕與道又相因而見道懸而無薄實之以忠恕而得所從入之端道動而不居準之以忠恕而無有他歧之惑道引而無盡約之以忠恕而後得歸宿之區吾不敢謂忠恕非道吾亦不敢謂忠恕即道也違之不遠有斷然者且夫忠之心不可見而由中以行恕者有可見其事不越乎人已之間其理可驗之施受之際理以對觀而出同此食味別聲之衆忽有橫逆之加已恥之人亦恥之焉而猶謂自反有禮不必過生其計較也乃明明施之已而不受者奈何施之人而責其必受乎無論其不受

氣機洋溢
一片神行

也即或受之而返之夙夜之間尚多自歉之地則道亦隘而不宏惟于人已持其平而在在依類以稽道之所爲公而溥事以互証而明同此含生負性之儔猝來拂情之舉已憾之人亦憾之焉而猶謂問心無愧不妨曲示其包容也乃明明施之已而不甘者奈何施之人而俾其或甘乎無論其不甘也即或甘之而質之方寸之內猶有未化之私則道尚偏而不舉惟于人已泯其間而事事準情而出道之所爲約而賅是恕也是由忠以行恕也此人之所以不遠于道而道亦不遠乎人也爲道者求其端于人已致其功于忠恕庶乎其君子矣

本房加批

志和音雅合節應絃詮發上句即平中帶側以清題緒尤合作

法

放勲曰勞之來之匡之直之輔之翼之使自得之又從而振

德之

張紹廷

帝訓莫重于明倫不惜其詞之詳焉夫由勞來以迄振德皆所以教明倫也放勲之命契何其詞之詳乎且學者多稱五帝而尚書首載唐堯其親睦一言實建人倫之始而他無聞焉豈作史者多訣詞故詳于事功而畧于各教歟第書缺有間其軼乃時時見于他說而多方以相誘者至今猶聞其語也如契爲司徒之日正堯當在位之年草昧初開旣不同夏造殷因之世漸起鬪淺顧光被周乎四表而五品不遜敷寬教者尙待重華文明漸啟原不同義

清機徐引

舒卷自如

冠冕堂皇

逐句搜剔
筆花絢爛
墨瀋淋漓

軒巢燧之時猶仍草昧顧協和遍于萬邦而九族克惇拜昌言者尚傳神禹放勳曰是不可無以教之也有克盡乎人倫者則勞來爲急矣敀行率德不期獎賞于君王而加以慰問之殷儼使臣之反命被以懷柔之恩如異國之來賓勞之來之揚其美也有未習乎人倫者則匡直爲宜夫振懦起頑寧俟風行于朝宁而化其奇邪之質木尚待于從繩況其枉曲之形道冐同于履矢匡之直之去其弊也若然庶幾得天性之眞無愧爲盛世之民乎雖然非輔之無以立非翼之無以行德有基而弗壞而孤而無助未必日起而有功輔之以贊其旁而左右皆嚴宛若立之監而設之史道無

刻露清新
語無泛設

收束完密

遠之弗彌而卻而不前安必循途以相赴翼之以策其後而保持弗替亦如志之帥而氣之從由是而可使自得之矣夫從目染耳濡之後而得所依歸此際轉不必求之過廹優而柔之饜而飫之居賢善俗允符漸進之占乃從日積月累之餘而生其玩忽此際又不容待之過寬匪面命之匪手攜之雷厲風行可協震驚之象又從而振德之堯之命契不旣詳且盡乎蓋勤于外者荒于內堯以一念之欽貫乎終始故功叙無所用其勸俟撻無所用其懲而誥誡所敷已立人紀人綱之極則急于先者緩于後矣以倦勤之戒凛之耄期故臣牧不必其僉俞苗繇不妨于並育而聲教所訖

已樹施信施敬之先聲此聖人憂民之心也而猶得以並耕之說責之乎

本房加批

鑄語必新選詞必雅自是鑪火純青之候

賦得百川赴巨海得收字五言八韻 張紹廷

巨海環無外涓涓納細流百川隨地湧一線到門收派任差涇渭盈何別澮溝谷王宏翕受河曲枉遮留瀾下形変注朝宗路必由譬星羣拱極如貢各分州灤控帆遙指鯨翻石怒投不揚波永奠

聖代集共球

本房加批

工穩熨貼屈艷班香

欽命四書詩題

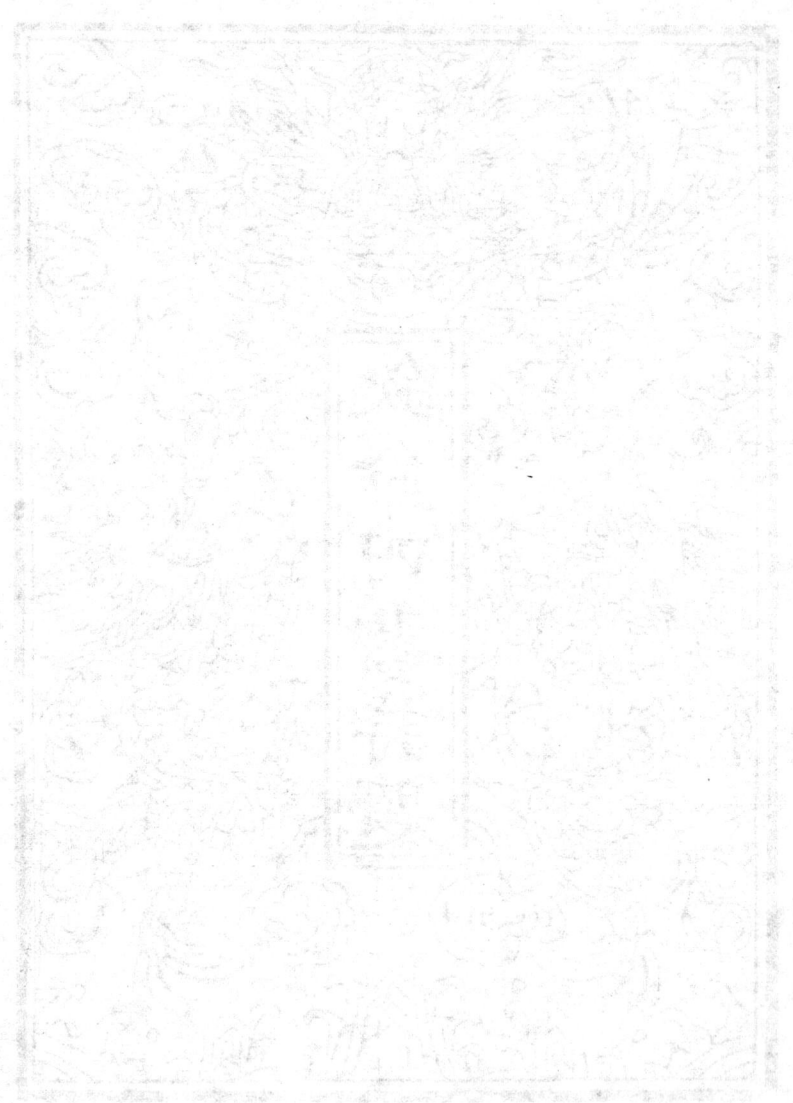

陳其蘊

始祖諱禄

妣魏氏

太高高祖諱金

妣劉氏

高高祖諱文學

妣王氏

高祖諱守恩

妣郭氏

字籍人號遠山又號鶴汀行二乾隆戊申年七月十六日巳時生天津府天津縣灶籍附生

堂高祖守富　守花　良猷例贈文林郎

堂伯曾祖良弼　良阜　發育勅授修職郎

從堂叔曾祖良德　良建　良新　良佐　良相　良錫　良玉

胞伯祖士毅例贈登仕郎

堂伯祖士宏例贈修職郎　士清　風庚辰恩科舉人原任高陽縣教諭勅授修職郎　詠戊子科舉人例贈文林郎　華歲貢生待封文林郎

從堂伯祖士選特授恩榮

曾祖諱良忠例贈修職郎
妣李氏例贈孺人
曾祖諱映奎例贈修職郎
妣王氏例贈孺人
祖諱士俊太學生例贈文林郎
妣張氏太學生文元公姑母
父溥附貢生例贈文林郎
母曾氏例贈孺人貤贈奉直大夫天寶公孫女貤贈奉直大夫震公姪女國學生霆公姪女貤贈儒林郎霈公女貤贈宣武都尉霙公姪女

從堂叔祖士舉 士信 士達 士傑 士成 士玉 士英 士秀 士理 士玥 士奎 士珍 士葳
胞伯汶太學生 渭太學生
嫡堂伯渤例贈登仕郎 瀠國學生 瀌國學生 沛國學生
從堂伯濟 浩 法附貢生 注國學生 濱國學生 居敬丁酉科舉人現任宣化府西寧縣教諭 敷敬歲貢生 和敬丙午科舉人原任正定府行唐縣訓導 以敬 莊敬郡庠生
從堂叔廉敬增廣生 宗敬 立敬
再從堂伯津 德 漢 淇 湖 湘

誥授儒林郎可録公胞
妹國學生可權公胞妹
恩貢生克誠公胞姊附
貢生可第公妹誥封奉
直大夫可璧公妹誥授
宣武都尉可顯公姊國
學生可續公姊甲寅恩
科舉人巖公胞姑母恩
學生嶶公胞姑母武庠
生嘉善公抱祖姑母國
學生璒公姑母甲寅恩
科舉人琛公姑母衛千
總珠公姑母守禦所壎
公姑母辛酉科舉人壬
戌科進士二等侍衛現
任平陽府中軍遊擊桂
公姑
母

業師

再從堂叔剄 重 興 亮 標 準 潤 明
典 存 進 沂 泯 河 汾 浮 江

胞兄紹甲郡優生
胞弟紹勳儒業
嫡堂兄紹梓太學生
嫡堂弟紹休 紹鼎 紹徽俱儒業
堂兄紹哲太學生 紹緒 紹鈞太學生 紹庭太學生 紹祺 紹驥儒業
堂弟紹經 紹渠俱儒業
從堂兄紹曽 紹先 紹泰 紹文 紹武 紹義
紹元 紹讓 紹華太學生 紹唐 鍾奇增廣生 基

程老夫子 為鈺 辛卯科舉人歷任井陘縣訓導現任磁州州學正

毛老夫子 賡蕘 增廣生

魏老夫子 蓬萊 增廣生

程老夫子 允寬 廩膳生

薛老夫子 曰璉 戊午科舉人候選知縣

蘇老夫子 陞松 庚申恩科經魁候選知縣

辛老夫子 紹業 乙卯丙辰進士

德 增廣生 曾佑 業儒 曾慰 增廣生 曾祺

從堂弟紹康 太學生 紹虞 紹周 紹望 紹福 曾

陰 曾翼 曾慶 曾培 曾植 鍾秀 鍾健

曾槐 曾樹 俱業儒

再從堂兄紹書 紹隆 紹實 紹易

再從堂弟紹禮 紹言 紹田 紹舜 紹量 紹

仝

胞姪鳳翅 業儒 和清 幼

嫡堂姪鳳集 業儒

堂姪夢齡 允中 昌齡 富齡 松齡 俱業儒 九齡

國子監學正

具慶下

錫齡 昌元 聚元俱幼

從堂姪維功 維顯 維翰 維清 維精 維邦

維治 喜元 富長 富魁 福元

堂姪孫銓

娶李氏太學生毓昇公孫女士達公女

子和玉幼

族繁不及備載

鄉試第一百三十四名
會試第　　名
殿試第　甲第　　名
欽點

順天鄉試硃卷 嘉慶丁卯科

中式第一百三十四名陳其蘊天津府天津縣附生灶籍

同考試官 刑部廣東司主事紀錄六次卞 閱 薦

大主考 工部右侍郎管理錢法堂事務兼署戶部右侍郎蔣 批 取

又 批 文心峻潔力厚思深

大主考 署經筵講官 尚書房行走禮部右侍郎兼署 吏部右侍郎兼正藍旗滿洲副都統世襲騎都尉兼一雲騎尉覺羅桂 批 取

又 批 敷文見道意匠經營

大主考 經筵日講起居注官太子少保協辦大學士戶部尚書兼 翰林院掌院學士上書房行走軍機大臣世襲雲騎尉戴 批 中

又 批 沉思獨往逸興遄飛

本房加批

布帛菽粟規矩準繩惟別裁夫僞體故高挹夫羣言韻語妍雅經義淹融五策兼長萬言畢赴闈中推爲碩學發榜喜是英年洵堪黼黻

天庭佇見羽儀雲路

拍題清醒
爽氣迎人
題前總挈
兼情犀利
文境一新

子曰我未見好仁者惡不仁者好仁者無以尚之惡不仁者其為仁矣不使不仁者加乎其身

陳其蘊

極好惡以全仁聖人深慨其未見焉夫好至無以尚惡至不使加此極好惡以全仁也慨其未見非望其得見哉且夫君子之於仁不可去亦不可違也非惟德全乎性者難得即性復乎情者亦難覯蓋情離乎理則理疏也而欲親之情比乎欲則欲近也而理遠之惟專乎理使理無可踰斥其欲使欲不能附斯情之所見即德之所成也今夫仁戒乎不仁而言之也切而按之則曰好不仁期乎仁而言之也迫而指之則曰惡好者對乎惡而言之也至奪其

精卓不刊語足鎮紙

尋常語一轉便深

所好則有以尚之惡者專乎好而言之也至清其所惡則有以加之甚矣好仁惡不仁之難極其全量也夫子慨然曰天人有棄取之說至去人乃以全天則仁見焉烝民之生均此秉彝則尊爵安宅庶廓然而見天地之心理欲無並存之勢至失理而偶幾乎欲則不仁見焉平旦之氣亦至清明則伏莽乘墉庶惕然而嚴大師之克好仁者惡不仁者何難見哉然而有難焉者欣慕疏而真情未篤一切靡麗紛華最足奪好仁之志夫志也而欲奪之則理以欲掩者理遂以欲而抑是仁之尚我以之矣而誰其真好操守懈而屏棄弗嚴一切匯幾冒貢俱足亂惡不仁之心夫心也而欲亂

題中要字一一醒出

筆下脫盡窮氣言必中肯清光大來

精湛圓足

之則理以有時而間欲遂以得隙而乘是不仁之加我使之矣而誰其真惡此我所以未見好仁者惡不仁者此我所以致思好仁者惡不仁者統四端而兼萬善仁之體本萬善之源好之者由明決以察其幾有真識斯得真理舉吾身畔援歆羨之故渾忘於萬物皆備之天譬諸登高邈乎其莫可及也將彼盡屬形而下此獨若屬形而上人心危而道心微不仁之幾實人心所著惡之者本剛健以新其德能至嚴斯能至强舉吾身戰勝攻取之緣豫持之一物未交之始譬諸介胄凜然其不可犯也將益固為德之裕而損亦為德之修蓋仁莫能尚者無以尚之也不仁莫加者不使之

加也。即所好而其惡可知。觀所惡而其好自篤。情有殊途。德無二致也。吾其如未見何哉。

本房加批

氣清筆健超邁絕倫刷靡振俗端推此種

扶題之蘊

總挈有神力

發揮致字即打通位育緊動異

○○○○○○致中和天地位焉萬物育焉　陳其蘊

中和有極功徵之位育而見矣蓋君子自致其中和而天地萬物在其中矣位焉育焉君子何庸心哉且人性即道也道在性始既有以立動靜廣大之原道在性中即有以著範圍曲成之用放之無外焉斂之無内焉夫是故性道全而天人合焉中為大本和為達道中和者天地所以立心萬物所以立命而即君子先天地妙萬物而立極者也是非致之不為功太虛太始異其名而一中即以括清寧之撰君子受天地之中而必思合其德也則精一危微早劼厥修于宥密基命成象成形顯其用而一和即以足絪緼之

常

說理細到方許作中庸文字

高唱入雲

理君子與天地同和而必思觀其通也則各正保合早暢其機于鼓舞盡神吾見君子致中矣極吾之中無憾于天地之中而天地之中吾其體且致和矣極吾之和無間于萬物之和而萬物之和吾其用乾坤列而卑高陳天地無時不中即天地無時不位謂君子之致中必有感通乎天地者此小儒推測之說不足以語性理之精也然而位矣吾性有藏顯而陰陽之道通吾性有健順而剛柔之道協則雖天不必加高地不必加厚而儼若已高已厚者之亦受治于聖神也以是為無憾焉而已矣氣化流而行生溥萬物無時不和即萬物無時不育謂君子之致和必有蒸被乎萬物者

詮位育字却極平淡是此題分際

題無剩義語必歸宗

此後人功利之見不足以窺道化之大也然而育矣吾道惟不息而元亨誠之通吾道惟不貳而利貞誠之復則雖生萬物者天成萬物者地而儼若已生已成者之悉涵濡乎德美也以是為無間焉而已矣且中和皆一貫也皇極為敷錫之原而蕩平正直會而歸于無黨無偏則中以修五禮和以導六樂體立用宏君子祇自全乎天命之性焉即位育亦無二致也於穆為形生之宰而紛紜參錯順其則于不識不知則位焉而道貫三才育焉而神妙六子成能贊化君子祇自盡乎率性之道焉此中和之極功也道不誠大矣哉

本房加批

題理極大然一入矜張口氣即非性分中語作者體認獨到方

能切實如題

要言不煩題珠在握

入題清老

○○○○○曰我知言我善養吾浩然之氣　陳其藴

大賢自明其所長心之所以不動也夫言不能知則心為言動氣不能養則心為氣動故孟子自述其所長而不動心之故益明矣且戰國時有孟子有超天下之識有優天下之度而初非有所求勝乎天下也全乎心之本明擴乎心之本量如是焉而已想其因公孫氏之問而言曰我何長哉夫我之不動心與告子同而我之所以不動心與告子異一在知言言出乎已因心而發言在于人會心而通彼不得于言者勿求而心為言昧即求而心亦為言役矣我則有以立乎知之本焉澄其心以相守于言無逆億之勞定

按切時勢發揮語無泛設

精理名言字字寶貴

其心以相與于言無依回之慼且我所謂知言者豈第矜辨別之能哉縱橫捭闔之言顯背吾道而必有其至是者以欺我之知也爲我兼愛之言隱棄吾道而若有其獨得者以淆我之知也夫守先待後我也承先王之道者惟此心亦惟此知第使好言莠言于我知無所困即于我心無所蔽而屢照不疲者不已淵然常靜乎古之人聲入心通其從容于耳順之境者我不知其何似而如曰以心受言極天下之至賾而不可亂也此則我所自信者也一在善養浩然之氣氣有清濁離心而具氣有動靜即心而在彼勿求于氣者舍其氣而心無助且暴其氣而心亦粗矣我則有以善乎

精確不磨渾灝獨得

宕筆活相恰肖子與氏口氣

養之道焉平其心而矜躁悉化于氣有順正之常堅其心而繁變不驚于氣有優游之度且我所謂善養者豈惟是誇調攝之精哉一人之氣盛于少壯而衰于既老無以養之閱一時而氣變也一日之氣牿于晝夜而清于平旦無以養之閱瞬息而氣亦變也夫幼學壯行我也肩當世之任者養此心亦養此氣第使順氣嚴氣于我養無所虧即于我心無所憾而浩然流行者不已湛然各足乎古之人氣盛化神其純任乎自得之象者我不知其何似而如曰以心帥氣極天下之至動而不可變也此又我所自信者也我之不動心之異于告子者如此

本房加批

以清剛之氣作排偶之體局度宏敞天骨開張

賦得河出榮光 得光字五言八韻

陳其蘊

聖德超千載河形奠萬方昔原稱德水今又發榮光彩散昆侖遠波搖積石長晴霞籠絢爛仙靄接青蒼竹箭輕如駛桃花暖更香函關連氣紫星海湧流黃浪靜三門濶風清一葦杭安瀾昭

帝瑞稽古邁陶唐

本房加批

藻思綺合雅韻天成

王履謙

字益謙一字謙謙號香汀一號西山乾隆[illegible]月初三日吉時生直隸天津府天津縣學廩膳生長[illegible]取謄錄

曾祖天德國學生例贈儒林郎

曾祖母任氏安人例贈

陳氏安人例贈

祖尚祿州同例封儒林郎

祖母秦氏安人例封

樊氏安人例封

父鈞邑庠生例贈文林郎

胞伯鏻國學生

胞叔鉅己酉科舉人例封文林郎

胞兄源泰國學生　源濤

嫡堂兄源淮　源瀚　履中

嫡堂弟履平

從堂兄源濬　源溥

胞姪本龢　本樹　本榮俱業儒

母袁氏 例贈孺人

慈侍下

業師

李老夫子 名敏 增廣生

楊老夫子 諱一崑 字無怪 戊申科舉人

王老夫子 諱用享 字岐山 甲寅科經魁原任山西河津縣知縣

恩師

娶趙氏 國學生名建勳公女 增廣生名純嘏公嫡堂妹

子本懋 業儒 本典 幼

喬老夫子名遠煐字肇珊湖北孝感縣籍庚戌進士現任刑科給事中課師

徐老夫子名逢豫字簪齋江蘇青浦縣籍蔭生現任長蘆都轉鹽運使

李老夫子名師舒字誼源河南濟源縣籍乾隆己酉科舉人癸

履歷

丑科進士翰林院編
修直隸廣宗縣知縣
霸州知州正定府知
府現任天津府知府
逄老夫子名泰交字謙
齋安徽定遠縣籍甲
子乙丑聯捷進士
現任天津
縣知縣
鄉試中式第二十六名
會試中式第　名
殿試第　甲第　名
欽點

族繁不備載

張春臺

字瀛池號小滄一號熙民行二乾隆乙巳八月十四日吉時生直隸天津府天津縣副貢生 國子監肄業癸酉舉人會試一百九十八名 殿試二甲 欽點即用知縣現官山西徐溝縣知縣

曾祖雲

曾祖母氏龐 例贈

祖秉安 例贈 文林郎

祖母氏李 例贈 孺人

父士賢 太學生 例贈 文林郎

母氏趙 例贈 孺人

胞叔士表 廩貢生 士會 太學生

胞兄春芳 太學生

胞弟春第

娶馮氏

子世勲 世衡

胞姪世昌 世瑞

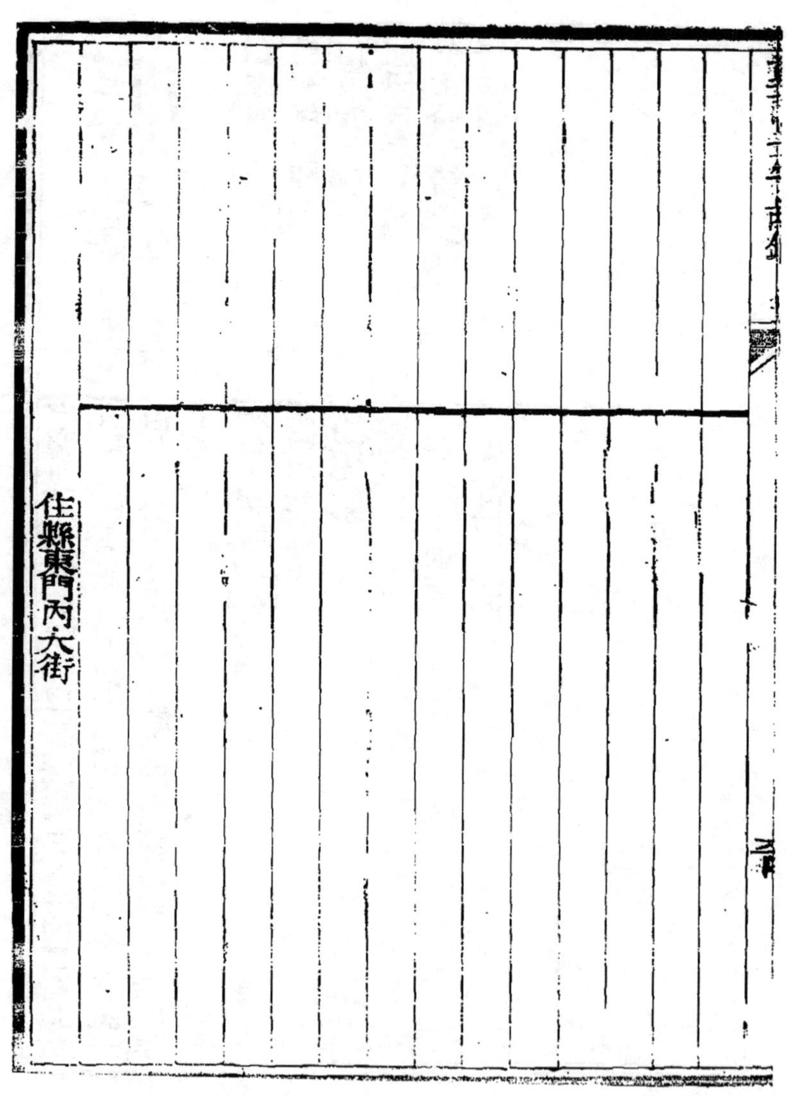
住縣東門内六街

徐金度

字仰毅號千駐行一乾隆戊戌年八月二十九日寅時生直隸天津府天津縣增廣生民籍

始祖繼周

始祖妣陳氏

高高祖可述

高高祖妣王氏

高祖之坦

高祖妣閆氏

曾祖天龢

曾祖妣胡氏

祖志源例贈文林郎

高伯祖之振

曾伯叔祖天祥 天福 天爵

胞伯叔祖世榮 世衡

堂伯叔祖世傑 世經 世綸 世棟 世梁 世

勳

胞伯叔鴻 湘

堂叔渭

從堂叔鳳儀 鳳鳴 鳳兆 鳳翥 鳳翔 鳳

集 鳳桂 鳳朝

祖妣高氏 諱世俊公女太學生諱彥恭公諱彥惠公胞姑母貢生諱燦輝公堂姑母太學生名允壽公胞姑祖母候選州同諱允端公堂姑祖母 例貤孺人

薛氏 孺人 例贈

張氏 孺人 例贈

父瀛 文林郎 例封

母李氏 諱永泰公女太學生名崑公堂姊 例贈孺人

孟氏 諱永庚公女庚寅恩科舉人歷任順天府三河寶坻等縣把總江南漕運千總永泰公太學生永徵公永謙公永益公姪女名兆亮公胞妹 例封孺人

具慶下

胞弟金臺 金第

堂兄弟金聲 金章

從堂弟金印

再從堂兄弟連會 連升 連發 連元 連舉

連科 連甲

胞姪緒文 紹文俱業儒 季文幼

堂姪彬文 綬文俱幼

從堂姪長治 長學 長慶 長濤 長泰幼

娶田氏 名潤玉公長女庚子科副榜諱可耕公戊午科舉人現署湖南通道縣知縣名欽耕公堂妹

子翰文 覲文 蔚文出嗣俱業儒 博文 耀文俱幼

業師

垂老夫子 諱廷錫 歲貢生

吳老夫子 名璧 山東海豐縣庠生

楊老夫子 諱雲球 山東海豐縣庠生

張老夫子 名毅同 山東海豐縣庠生

龔老夫子 諱調元 字燮堂 甲寅恩科舉人

原任偏關縣知縣

劉老夫子 名淳 字太古 郡庠生

高老夫子 名廷法 字式古 靜邑甲寅恩科

舉人現任陝西咸寧縣知縣

李老夫子 諱照書 字青黎 靜邑癸卯科舉人

女二

二

履歷

張老夫子名調元字雨村靜邑庚午恩科

舉人現任奉天廣寧縣訓導

朱老夫子名濬字瑞溪鹽邑壬子科舉人現任

交河縣教諭

牟老夫子諱昌裕字松巖山東棲霞縣庚戌

科進士欽點翰林院庶吉士浙江道監察御史

鄉試中式第三十九名

會試中式第　名

殿試第　甲第　名

欽點

族繁不及備載

世居天津縣城東葛沽

王廷棻

字香樹，號鏡芙，行五。乾隆甲寅年十[illegible]一日吉時生。直隸天津府天津縣學增廣[illegible]

高祖增 候選州同，例授宣德郎

高祖妣氏賈 例授安人

曾祖顯名 庠生，誥贈中憲大夫

曾祖妣氏馮 誥贈恭人

氏王 誥贈恭人

氏蘇 誥贈恭人

祖國璽 貢生，誥封中憲大夫

祖妣氏張 誥封恭人

族高祖作觀 敕贈文林郎

族曾祖譏 誥贈武義都尉 開名 吏目 申 太學生，候選州同 量 歲貢生，曲周縣訓導 界 乾隆丁卯舉人，廣東新寧縣知縣

胞叔祖國禎 議敘知縣，封中憲大夫 貽

族伯叔祖杜 辛酉副榜，大名府魏縣縣丞 柏 乙酉拔貢 櫶 歲貢生 椅 庠生 鍾華 歲貢生 鍾慶 庠生 鍾英 誥贈武義都尉 鍾泗 國子監學正 國瑞 庠生 鍾琦 歲貢生 鍾昌 壬子舉人，候選知縣 鍾洙 庠生

胞伯澍 原任湖北荊門直隸州知州，誥授奉政大夫，晉封中憲大夫

氏張 恭人 誥封

父瀾 太學生由議敘候選知縣 貤封奉直大夫

母氏王 宜人 貤封

生母氏諸 宜人 貤封

慈侍下

業師

張老夫子 諱兆

程老夫子 名允靖

張老夫子 名雲 庠生

胞叔湘 議敘知縣例授文林郎 漣 邑庠生 淋 太學生 澤 太學生

嫡堂叔浩 太學生

族伯叔煒 乾隆甲子舉人候選知縣 燻 候選縣丞 鴻運 誥贈武義都尉 濤泉

候選吏目 鴻儒 庠生 逢源 太學生 淇 太學生 清泰 庠生 蘭渚 庠生

雲鶴 太學生 雲鳳 候選吏目 錦彪 庠生 步雲 庚子副榜 炳雲 庠生

祥雲 庠生 青雲 庠生 泰雲 庠生 紀雲 廩膳生 燦雲 庠生

嫡堂兄廷棟 現任廣東肇慶府廣寧縣知縣 廷樾 庠生 廷桂

嫡堂弟廷椿 邑庠生山東試用縣丞 廷林 廷松 廷懋

廷櫰 廷枚 廷槑 廷森 廷樑

堂弟廷楨 業儒

包老夫子 諱履豐 虞膳生

周老夫子 諱大融 甲寅舉人原任山東膠州知州

劉老夫子 名廷華 丁卯舉人候選教諭

寇老夫子 名蘭皋 邑庠生

田老夫子 名萬錚 郡庠生

蔣老夫子 諱玉虹 廩貢生

解老夫子 諱秉彝 癸卯舉人原任邯鄲縣教諭

族兄弟 召棠 辛酉拔貢正藍旗教習分發東河試用知縣 兆棠 太學生 桂棠 太學生 樹棠 太學生 露棠 吏目候選 方成 太學生 坪 庠生 埈 庠生

治平 太學生 治邦 太學生 道平 庠生 武義都尉 貤封 兆平 庠生

化平 庠生 元珠 太學生 正平 庠生 貞平 庠生 鑑平 庠生 世平 戊辰探花及第現任江西廣信府參將署南昌協副將 成平 庠生 召平 廩膳生

方平 庠生 召通 庠生 召文 庠生

嫡堂姪 煊 內閣中書 卓 候選布政司經歷 煥 煋 炘 炳 幼

族姪 壽齡 丁卯舉人 彭齡 太學生 亭蓉 庠生 亭梅 庠生 亭樞 庠生

亭杰 增廣生 岳齡 庠生

娶韓氏 雍正乙卯亞元乾隆丙辰會元 欽點榜眼及第 特調甘肅涼州鎮中總兵諱錡

靳老夫子名伯廩甲寅舉人前任
天津縣教諭
王老夫子名進翰庚申恩科舉
人現任順義縣教諭
葉老夫子名夢元壬子舉人前任
行唐縣教諭

課師

李老夫子名如枚前任長蘆鹽政
李老夫子諱鑾宣庚戌進士原任
天津河間兵備道
江蘇巡撫部院

公姪孫女乾隆巳酉舉人諱大鯨公廩貢生候
選訓導諱大炤公姪女廩貢生原任博野縣訓
導諱大禮公女

子焜業儒

女三

族繁不及備載

住鎮海門內大街

宋老夫子名湘戊午舉人候選知縣

恩師

周老夫子諱兆基甲辰進士原任工部左侍郎順天學政

吳老夫子諱烜乙未進士原任吏部左侍郎順天學政

吳老夫子名芳培甲辰進士兵部左侍郎國史館副總總裁前任順天學政

魯老夫子名垂紳乙丑進士翰林院編修庚午科順天鄉試同考官

王老夫子名惟詢辛未進士翰林院編修戊寅科順天鄉試同考官

鄉試中式第二十五名

會試中式第　　名

殿試第　甲第　　名

欽點

欽命四書詩題

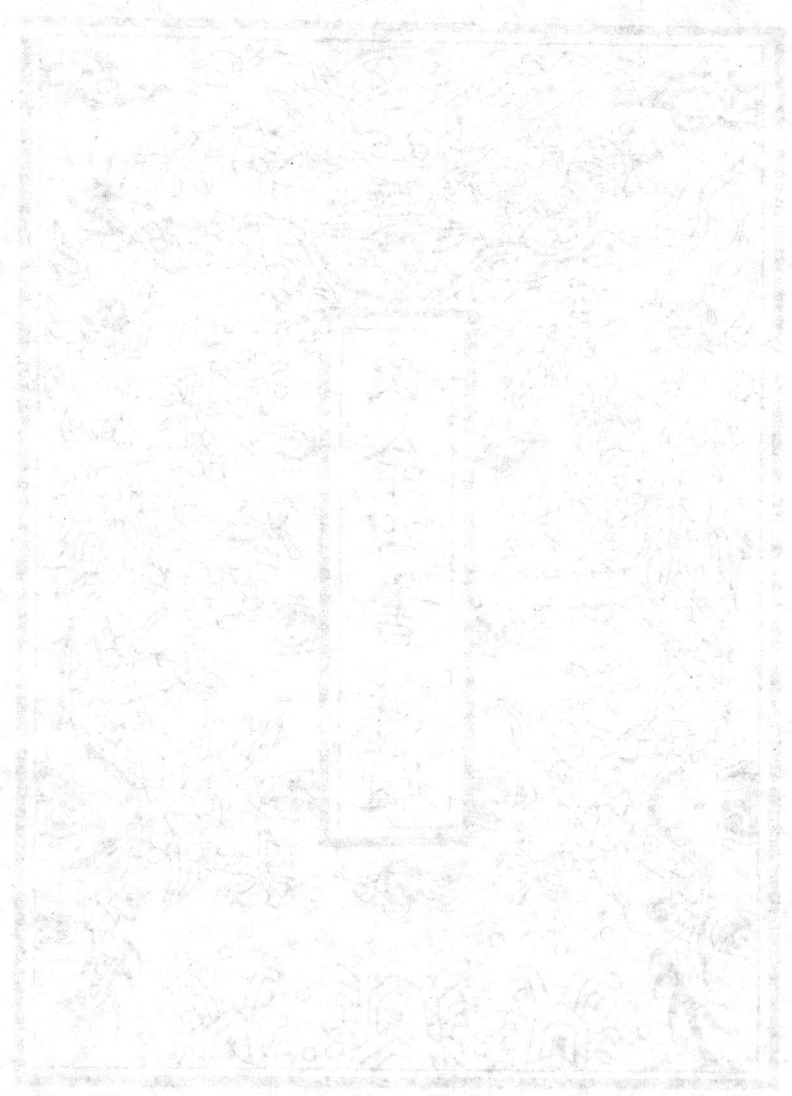

李洒

曾祖國材 例贈承德郎

曾祖妣氏陳 例贈安人

曾祖妣氏吳 例贈安人

祖紹炳 貤贈奉直大夫

祖妣氏袁 貤贈宜人

父承霈 誥贈奉政大夫

妣氏樊 誥贈宜人

永感下

本生父承瓖 貤贈奉政大夫

字洒之號香雨又號若揖行十一乾隆戊申年二月十五日丑時生係直隸天津府天津縣優廩膳生民籍癸酉科選拔貢生兵部職方司七品小京官現任額外主事

胞伯承庥 太學生　承芝

胞叔承鴻 候選州同知　承欣

胞兄洺 貤封朝議大夫　幼蒙教養始得成名

嫂氏周 貤封恭人

胞兄源 乾隆乙卯科副榜鑲白旗教習現任廣西龍州同知歷署太平府鎮遠府知府

胞弟溥 業儒

胞姪橒 候選府經歷　雲杭 業儒

娶蘇氏 誥封宜人

子雲棨 業儒　雲檣 幼

房

本生嫡妣氏吳貤贈宜人　　女三

本生生母氏郭貤封太宜人

生慈侍下

鄉試中式第一百四名

會試中式第　名

殿試第　甲第　名　　族繁不及備載

欽點　　住天津府東門外南斜街

順天鄉試硃卷道光壬午科

中式第一百名舉人李　涵直隸天津府天津縣癸酉科選拔貢生民籍兵部額外主事

同考試官翰林院編修實録館纂修加三級邵　閲

薦　批

大主考刑部左侍郎現任江蘇巡撫加三級韓　取

又　批　精心結撰醖釀深淳

大主考刑部右侍郎正黄旗蒙古副都統崇文門副監督加三級恩　批

取

又　批　振采欲飛負聲有力

大主考經筵講官太子少保軍機大臣戶部尚書南書房行走加三級黄　批

中

又　批　精理爲文秀氣成采

本房總批

披一品衣抱九仙骨瀉神淵而吐溜
蒸靈液以霏詞運腕則筆若風生到
眼則題皆雪亮清新俊逸詩雜仙心
典贍深醇經窺聖奧更淹通於五策
洵美備乎衆長揭曉來謁迺知貢瓊
枝於西歲金臺之駿譽早騰分樞政
於午清石室之鴻文不廢是以官清
十載終登選佛之場名噪一時猶勵
下帷之業即此勉思樹立佇看直上
扶搖桂苑秋馨共
恩承於
北闕杏園春曖定品重乎西清拭目以期
蜚聲自遠

大含細入
精義洞穿
提局老當
筆力嶄然
反振得勢
識揭題巔
每義剗去

○○○○○居之無倦行之以忠

李涵

居行並勅政之本於誠者也夫無倦以忠皆誠所爲也居之行之而政之實見矣子張其知所本哉嘗思以法治不若以心治而要其合存與發相流貫者一誠而已精其心爲天下先不息者誠之復坦其心與萬物見不欺者誠之通課心謐斯致治隆蓋所操爲有要矣師問政乎今夫政貴愼初尤貴圖終政貴直內尤貴方外優柔者固難倖濟然精神不攝則躁往亦僨事之階矣試思睢麟爲無逸之精何堪以片念偶疏致蹈苟且因循之習粉飾者不克類情然德意未將則誓誥直愚民之具矣試思豚魚驗中孚之格

兩層渣滓盡而清光來

有轉皆靈無伸不縮

靠實詮發語語精確經經緯史包一切埽一切

思乙乙其若抽言醇醇而有味

矜鍊名貴削腐存液

何忍以一端或僞遂成權術假借之爲夫惟本誠之不已者密而問厥居則倦宜戒焉夫視天下無可竟之功則功之竟者鮮矣視天下無不可竟之功則功之竟者又鮮矣倦之萌居之曠也無之而無爲恭已勞焉非倦逸焉亦非倦屢省乃成急焉非倦緩焉亦非倦一日二日之中積百年之競業以運之居貞者化成端歸恒久焉抑惟本誠之不貳者實而見諸行則忠是尚焉夫謂萬物無可信之心則心之信者寡矣謂萬物無不可信之心則心之信者愈寡矣忠之瀉行之阻也以之而事分常變用經爲忠用權亦爲忠道判猛寬用愛爲忠用威亦爲忠億人兆人之事矢一已之純

具徵洗伐
功深
互詮處細
筋入骨作
作有芒
跌宕多姿
精理名言
語經百鍊
綿密精融
匠心獨運

粹以協之行健者物與斷推无妄焉是故平成既奏猶戒怠荒行亦安可或倦者不知精勤固驗諸事為逆操於念慮而益悚也古帝王燕寢糾心奮敏者其功而疾敬者其德蓋志氣先凝猷為在後矣迨至居焉即利其行乃知本一誠之周浹者相惕於夙夜宥密之地斯振發為彌神爾史監自箴倍嚴存過居亦何在非忠者不知肫摯原積諸幽獨順達於經濟而愈真也古帝王象魏懸書保赤者其懷而盡已者其量蓋腹心共喻痦瘝益虔矣迨至行焉無失其居乃知本一誠之貞守者相深於紀綱備舉之時而篤棐至無已爾要之與利除害萬非旦夕所能爭祇此神明默成即欽

結束謹嚴
神完氣足

若猶虞叢脞養欲給求終慮雨風之難協何敢隱微稍隔致好惡或有偏頗師而有意於政也居與行一歸於誠而可哉

聚奎堂原批

玉潤珠圓當行出色

本房加批

鋪張過甚陸士衡患其才多風骨不飛王仲宣病其體弱文以英爽之氣攄精粹之思丰裁峻整骨月停勻是爲愜理饜心之作

曲折圓到
心如旋床
筆可屈鐵

霹靂手

是故君子戒慎乎其所不睹恐懼乎其所不聞

李涵

君子體道無間可以驗存心之密矣夫不睹不聞正須臾間耳而戒慎恐懼無間焉其體道之密何如哉且人道積厥躬倏偶失之視聽間則體道踈矣然僅不失之視聽間則體道亦卒踈惟是不敢忽於有視聽亦不敢肆於無視聽且不必論乎有視聽與無視聽而其心之乾乾惕若者隨所寓而然無所寓而亦無不然則體道密而道乃無間審是則君子終其身爲不離道之人實終其身爲戒慎恐懼之人也今夫機之迅者曰須臾而象之著者曰睹聞

出比從覩聞折入兩不字對比從兩不字折入戒恐意理解明晰詞簡意該

淸辨滔滔靈機汩汩反覆馳驟醒快非常

語語軒豁呈露筆無停機一洗理題沉悶

君子於是察其故矣天下有睹聞而道自在天下未有睹聞而道亦在所謂率履不越者固已當前卽是而原本於性命之旨者深道非於有睹聞而始可求道正不於不睹聞而不可求所謂愼修思永者實覺一息難寬而警惕於耳目之交者速故必有所睹而戒懼始生則一日之所睹原無幾必有所聞而恐懼始切則一日之所聞亦無多君子則目未成色耳未成聲而怵惕常存者惟與道相通復而已且戒愼不及持於所睹則戒愼之持於不睹也難恐懼不及防於所聞則恐懼之防於不聞也難君子則天監如在帝謂可通而警策無已者惟與道爲依附而已其所不睹其所不

之旨

二義淸切不浮分風擘流之中正復細鍼密縷詞意湊泊心手調和極行文之樂事

無義不搜每轉輒勝

收筆遒峭

聞正所以爲君子之戒愼恐懼乎或謂道無形聲本非有睹聞之可指不知事物雜投之際動靜原互爲其根而往往以不睹不聞爲無可致力焉非時之故留其隙實心之未惕其機也故由所睹以極於所不睹由所聞以極於所不聞縱視無形聽無聲俄頃之際似難默提其靈明而君子則曰無時豫怠或謂道形上下何在無睹聞之可憑不知洗心藏密之餘顧諟實未呈其境而往往以不睹不聞爲有可自諉焉非理之或淪於寂實心之自涉於幻也故不睹能戒愼而所睹更可知不聞能恐懼而所聞更可知縱曰是圖曰亦式轉瞬之間何能盡存其儼恪而君子則曰永肩一心

是眞無須臾可離之道也。是眞無須臾離道之君子也。

聚奎堂原批

應有盡有毫髮無遺

本房加批

見地瑩澈不染纖埃純用白描而不墮入禪障是理境中最上乘文字

由屈起題有一氣滚金彈之妙

緊起慎字敏提

國君進賢如不得已將使卑踰尊疏踰戚可不慎與

李涵

極言進賢之當慎在知才於早也夫曰如不得已進賢之心良苦矣必至卑踰尊疏踰戚何可知之不早耶此進賢之所以當慎也今夫黜陟之經自古不廢而掞之登選之初心固莫不欲有陟而無黜顧盈廷者不盡才則不得不別求夫才夫至別求夫才則黜者陟矣黜者陟而陟者必反黜矣夫乃知操登選之權者謹於已然不若謹於未然之爲得也王慮不才之不知舍臣正慮任才之不知慎也試即國君之進賢論之無大於人之量者必無高於人

籠罩全題落墨高渾

心苦爲分明頓之則山立白雲在天卷舒一片

先擡高尊戚再折落

之功進之云者方將舉名臣貴胄當吾國而大展經綸故倚畀獨隆遂不勝鄭重周詳之意無厚於人之情者必難深於人之感進之云者又將舉分職展親入吾國而咸資佐理故期望彌切幾難有躊躇滿志之時其進賢也蓋有如不得已者且夫賢者以才言也而以分言則卑也而不及世臣之尊以情言則疏也而又不及親臣之戚國君固審乎此而不忍使之輕進實不欲使之驟踰然使尊者而果賢也則父事兄事尊之以誠賓臣師臣尊之以禮大德小德尊之以等其不可踰者即尊與尊且爵位之有差而況等而下之曰卑又使戚者而亦賢也則寵錫秬鬯戚以同功榮列豆

將踰愼字
意更透
轉折入古
出將使字
亦如士委
地
筆轉如環
二比一就
當下言一
就後日言
兩層夾寫
妙不騎墻
愼字眞髓
自出
題無賸義
筆有堅光

邊戚以同樂師與零雨戚以同憂其不可踰者卽戚與戚且世次之有分而況遠而別之曰疏而不然者則賢必進矣賢進而卑者將使踰尊矣疏者將使踰戚矣夫國君之初願豈樂出此而進賢之大勢又何能不出此觀於此而益知不可不愼矣論定後官位定後祿常經具在矣乃進之而不欲其踰者衡才之道共知進之而不能不踰者需才之急所迫也卽今日之踰以想昔日之進當必有悔前此之已誤者則何如相賞時之早加審愼哉八柄馭貴六計尙廉貞知有素矣乃進之而復使踰之知人旣無當於先踰之而必別使進之衡量豈獨精於後也卽已往之不賢以望當時

用畫家背托法作結仍鈎轉如不得已風迴瀾桀章法井然

之多賢更必有嘆良才之難得者則何如未遇時之豫爲愼重哉不然因不賢而始進賢乃進賢而仍不賢在廷有積薪之嫌而吾國終莫收拔茅之效其何以服世臣親臣之心而慰左右大夫國人之望也書曰愼簡乃僚斯誠如不得已哉

聚奎堂原批

輕圓流利機法相生

本房加批

布置之妙由於胸有成竹停頓出落骨節靈通隆萬而後知此法者尠矣

冰玉相扣
烟雲翕飛
儷對渾成

賦得詢于芻蕘得聞字五言八韻　　李涵

設鐸懸軺後芻蕘亦策勳
朝廷能博訪父老有遺聞釆定兼葑菲除應借斧斤
堯階諏庶意
文囿往來羣但以咨親急何須笑士廑慮同君子竹獻類野人芹
樗櫟材無廢菁莪
化共分集思逢
聖代颺拜意殷殷

聚奎堂原批

超心鍊冶追琢無痕

本房加批

典贍精工巧不傷雅珊珊風骨李鄴侯固是神仙中人

欽命四書詩題

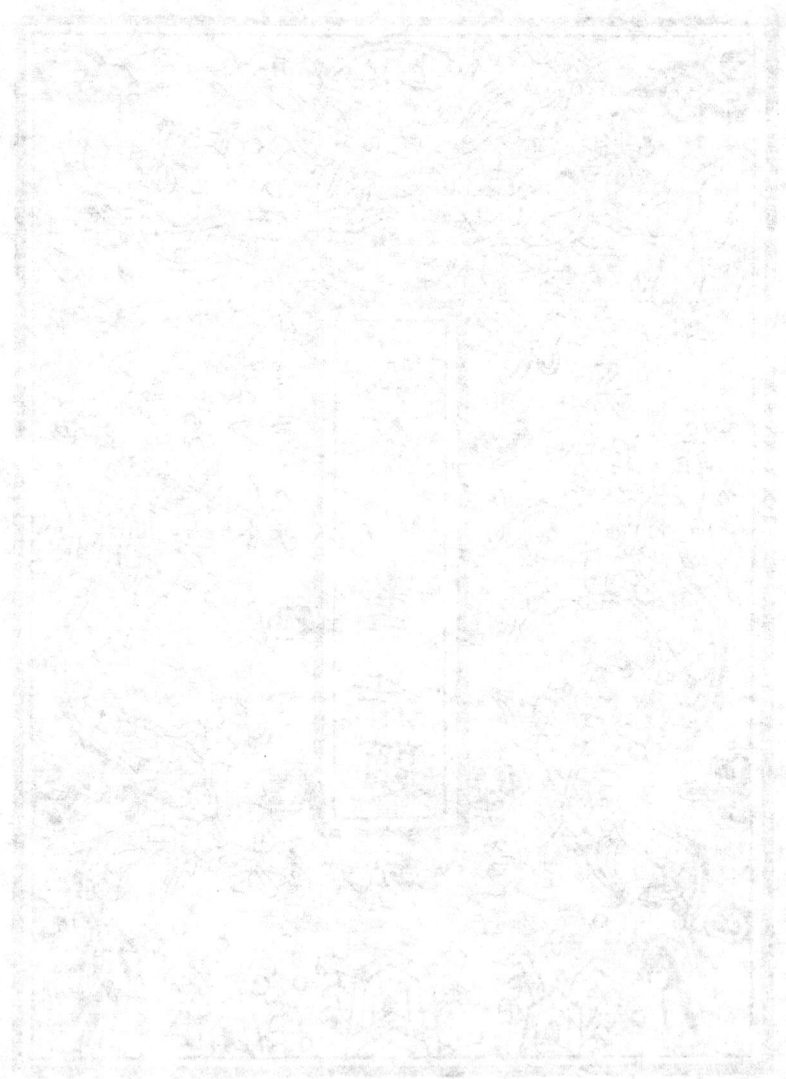

徐堉

北遷始祖鍾麟 敕贈文林郎 晉贈武功大夫

始祖母楊氏 敕贈孺人 晉贈夫人

宋氏 敕贈孺人 晉贈夫人

吳氏 敕贈孺人 晉贈夫人

高祖孫森 山東長山縣知縣江南河道同知 敕授文林郎 晉贈武功大夫 貤贈通奉大夫

字育蘅號芳田行一嘉慶壬戌年五月十九日吉時生直隸天津府天津縣學附生民籍

曾伯祖學洙 福建臺灣協副將功加左都督 誥授武功將軍

胞伯祖金楷 乾隆戊午科副舉人 誥贈奉直大夫 之柄 太學生 誥贈奉直大夫

國松 乾隆辛酉科舉人 敕授文林郎 誥封奉直大夫 汝槐 乾隆壬申恩科舉人山西潞城縣知縣磁州儒學訓導 廷楓 太學生 誥封奉直大夫

嫡堂伯叔煇 乾隆甲午科舉人歷任江西新昌縣廬陵縣山東寧陽縣知縣乾隆壬子科江西鄉試同考官 敕授文林郎 炌 乾隆癸卯科副舉人議敘州同 煌 太學生 然 廩膳生挑取謄錄江西萬安縣縣丞陞任江西德化縣知縣 敕授文林郎 焆 廩膳生 燧 邑庠生 煊 戊申恩科舉人候選知縣 燠 太學生候選從九品 焯 太學生候選從九品 熾 邑庠生

高祖母魏氏勅贈孺人晉贈夫人
貤贈夫人
吳氏勅贈孺人晉贈夫人
貤贈夫人
曾祖學淵勅贈修職郎晉贈文林郎
誥贈朝議大夫晉贈通奉大夫
曾祖母張氏勅贈孺人誥贈恭人
晉贈夫人
祖齡椿候選布政司經歷勅封文林郎
誥贈朝議大夫晉贈通奉大夫

烈太學生煜候選布政司經歷烇
胞伯叔炘乾隆壬子科舉人乙卯恩科會試特授
內閣中書軍機處行走內閣侍讀方略館收
掌提調御園校射賞戴花翎福建道監察御
史江南河庫道欽加按察使銜署江寧布政使
司江西按察使司湖南按察使司署理湖南布政
使司陞任陝西布政使司護理陝西巡撫調任山
東布政使司護理山東巡撫現任福
建布政使司布政使護理福建巡撫炯增廣生貤封儒林
郎
堂兄弟基候選縣丞垣太學生候選從九品城現任河南滎澤縣縣丞咨送候補知縣署新安
縣知縣圻江西候補從九品墉壇邑庠生均太學生坪邑庠生榮
封太學生堂太學生墀太學生壬午考職錄取以州吏目即用坤圭
至域境鳳臺春臺俱業儒

祖母沈氏 候選縣丞誥贈武德騎尉諱廷佐公女候選從八品敕封文林郎諱震公胞妹甲午科鄉魁廣東督標右營守備諱大璋公胞姊壬子科舉人已未科進士山東昌邑縣知縣福建上杭縣知縣諱士煋公貤封武德騎尉名維毅公甲子科舉人兵部差官現任廣西平樂協右營守備名維雄公胞姑母敕贈孺人誥贈恭人晉贈夫人

父灼 候選布政司經歷議敘府同知

母孟氏 歲貢生候選訓導例贈修職郎

嫡堂兄弟 祖培 貢生候選郎中籤分兵部武庫司行走 承埰 國學生嘉慶己卯科順天鄉試挑取謄錄道光元年恩賜從二品廕生內用光祿寺署正大官署行走 立墱 國學生 相堯 同科舉人 慶坊 庠生 景堦 候選布政司經歷 榮珪 位奭 毅莊 俱業儒

胞弟塘 墉 俱業儒

堂姪大鏞 同榜舉人 可銘 廩膳生 振鐸 廩膳生 士鋐 需鎬 恩錫 保衛 光鈺 聯鏢 占鰲 可鏡 俱業儒 寶籙 如鑑 俱幼

嫡堂姪開鉞 國學生 範鎔 文鎮 俱業儒 文銓 文錞 文銑 俱幼

二

履歷

晉封奉直大夫諱廷掞公孫女增貢生勅贈修職郎晉贈奉直大夫諱永禮公次女太學生議敘鹽課司提舉名景賢公太學生候選布政司經歷名嗣賢公優廩貢生候選訓導名齊賢公胞妹業儒名以賢公胞姊勅封安人

慈侍下

業師

范老夫子名培因恩貢生現充實錄館謄錄候選分州即用

張老夫子名紹齡嘉慶戊辰恩

二

堂姪孫觀海 宗泰 樹滋 惟清俱幼

娶孟氏勅贈修職郎晉贈奉直大夫諱永禮公孫女太學生議敘鹽課司提舉名景賢公女

女二

科舉人候
選知縣
繆老夫子名艾學嘉慶丁卯科舉
人江西候
補知縣
張老夫子名學和嘉慶辛巳恩
科副舉人現充
實録館謄錄候選分州
判
用
胡老夫子名裕昆嘉慶丙子科舉
人
恩師
汪老夫子名本嘉慶壬戌科進士前

履歷

任直隸天津府天津縣知縣

李老夫子 名籌 現任直隸天津府知府

吳老夫子 名其彥 嘉慶己未科進士前任兵部侍郎順天學政

鄉試中式第一百八十五名

會試中式第 名

殿試第 甲第 名

欽點

族繁祇載本支

世居天津鎮海門內二道街

順天鄉試硃卷 道光壬午科

中式第一百八十五名徐堉 直隸天津府天津縣學附生民籍

同考試官 翰林院編修實錄館纂修加三級邵 閱

翰林院編修國史館纂修加三級紀錄三次汪 薦

批

大主考刑部左侍郎加三級韓 取

批

又批 精思健筆切響堅光

大主考刑部右侍郎正黃旗蒙古副都統崇文門副監督加三級恩 取

批

又批 氣空理實格正詞醇

大主考經筵講官太子少保南書房行走軍機大臣戶部尚書加三級黃 中

批

又批 識解精深議論警闢

本房總批

樹義堅卓措詞凝重選聲則神韻安雅鍊格則風度端凝洵所謂春華秋實兼擅其勝者矣試帖清新俊逸經義典貴高華策學茹古涵今淹通博洽合觀十四藝有美必臻無懈可擊榜發來謁知生英年卓犖家學淵源當此桂蕊秋風之日拔幟文壇即看杏花春雨之時聯裾詞館生其勉旃副予厚望

西山爽氣在我襟袖中肯語精金百鍊

簡潔老當

語無浮響筆有餘堅

○○○○○○居之無倦行之以忠　　徐堉

合居行以言政惟操之以心而已葢居者政之存行者政之發也無倦以忠非以心法爲治法乎從來善爲政者非徒侈陳其迹也夫亦於始終內外之交密課其心而已葢斂其心以宰治敬勝必嚴怠勝之萌純其心以出治存誠卽妙推誠之用存發之間交相惕勵斯聖功密焉而王道懋焉矣師問政亦知政固體用兼賅者乎葢政蘊於心則爲居政見於事則爲行騐惟醇者曰攸居頌豈樂者曰那居矢敬共者曰恪居宸衷單宥密精一永矢於弗衰故斂之操萬化之原而擴之立百年之業應乎天者曰時行育乎物

精心結撰積健爲雄

醒目

起筆凝鍊

實詮無倦以忠語語眞摯筆筆

精卓一切浮烟漲墨無從繞其筆端

拍合自然

者曰雷行洽四國者曰風行王道絶偏私咸感胥徵於有象故徵之括百爲之理而顯之作萬類之孚此無他倦不可起忠不可弛也吾於是得爲政之要焉倦起於因循尤起於鋭往嘗見英主乘時非無苗裔萬年之計然尅期而圖苟安甫治而期上理其求而效也則侈心勝而志已不貞其求而不效也則厭心勝而神亦不固其倦也人以爲行之難繼吾以爲志氣先積矣師其無之哉無貪小利無邀近功並無侈盛德大業卽至經畫胥堪垂裕而十世百世之量益震動於弗荒久道化成居之所以不遷者此耳忠弛於誕妄尤弛於浮夸嘗見列辟莅事亦有撫綏一世之模然謀國

沉詞警論透闢異常

百鍊千錘無一筆寄人籬下

真力彌滿勁氣直達

句句抉摘入細一洗浮光掠影之談

義理周匝

而尙紛更馭民而事權術人其我信也則鋪張甚而本原已薄人其不我信也則彌縫甚而肫摯益漓其不忠也人以爲居之不純吾以爲謀猷早暴矣師其以之哉可以盟已可以質人可以示天下後世卽至敷布允協蕩平而勿二勿三之旨益警戒其或失中孚化邦行之所以无疆者此耳是知爲政莫要於有恒使問世共喻棐忱而問心尙萌怠志將何以躋三代之隆乎惟以忠而先以無倦斯至實之心卽由至實之力而出而後思居者無荒推行者盡利類非補苴之治所能爭且爲政莫要於无妄使府事可俾永貞而誓會猶滋疑畔將何以洽萬民之望乎惟無倦而繼之以忠

斯至精之力胥由至精之心而圖而後篮王居者涣汗占天行者

自强更非雜覇之術所得擬此爲政之要也師其勉諸

聚奎堂原批

馨徹鈴圓語無泛設

本房加批

體大思精慮周藻密無劒拔弩張之態正手柔弓燥之時

深厚精醇

筆致矯健
題蘊畢宣
清醒

○○○○○○是故君子戒慎乎其所不睹恐懼乎其所不聞

徐　堉

以戒懼嚴存養之功知道之不可須臾離也夫不睹不聞人之所易忽者也君子必戒慎恐懼焉非以道之不可須臾離乎今夫無時而或息者天道之流行也而有時而或弛者人心之存亡也自人不克密其心而心馳斯無以存其道而道離有敬畏之君子出焉不必道之昭著於當前而惟心之怵惕於無際夫是以心與道不相間而道與心常相續也可離非道夫道於何驗驗之於睹聞而已道何以求求之以戒懼而已然而君子則有進矣君子知道

犀銳無前
分肌劈理
昭晰無疑

筆力健舉
點題老

妙義獨搜
中權制勝

眞摯透闢
理隱詞隱
一洗而空

之隱處而在也原可即所睹以求之然不得於有睹之處謂有道而無睹之處即謂無道也所當於百物未交之始默而自課其神明君子知道之無時不有也又可即所聞以體之然不得於有聞之時謂道具而無聞之時謂道不具也所當於萬感俱寂之先嚴以自攝其志氣是故有所不睹焉而君子所爲必戒愼也有所不聞焉而君子所爲必恐懼也蓋道體精深之旨操則甚難舍則甚易故雖檢之已周而偶有不及檢防之已密而偶有不及防即不免有牿亡之患而君子兢業之心惟欲其操不欲其舍故雖無可致力而必致其力無可研慮而必研諸慮以力底於精一之途君

宛轉如意純任自然説理似思泉行文似震川

意到筆隨理窟中有掉臂游行之樂

子非無時而不戒慎恐懼者乎使第於有睹有聞之際以觀君子之戹求非不可以見其志然不足以盡其功也葢有睹固必戒慎而其於不睹也尤嚴有聞固必恐懼而其於不聞也更切斂精神於寂寞殆眞見夫道之離於睹聞者猶易覺而道之離於不睹聞者實難防也初何敢以形聲未著遂自肆其心志也哉或謂於不睹不聞之頃以觀君子之姱修不過可以得其暫然實可以信其常也葢不睹必嚴戒慎則當其既睹也可知不聞必深恐懼則當其既聞也可知殫詣力以靜存殆眞見夫道之存於睹聞者在此戒懼而道之存於不睹聞者尤在此戒懼也初何敢以朕兆未形

反擫作收
力破餘地

遂不慮其背馳也哉存養之功如此試再即君子之慎獨而言之

聚奎堂原批

并剪哀梨筆筆醒快

本房加批

理解清超筆蹤矯捷信手拈來無非妙緒

從上節脫卸書理雲究筆亦清老

氣息醇茂風骨騫騰

〇〇〇〇〇國君進賢如不得已將使卑踰尊疏踰戚可不慎與

徐堉

告時君以進賢之道有不可不慎者焉夫卑不踰尊疏不踰戚禮也乃進賢則將使之踰焉其如不得已也蓋慎之也曰王今者欲識不才而舍王非有悔於昔之所進乎夫進之而復舍之則其進誤矣然進之而不復舍之則其進亦誤且前進既舍而猶不致謹於舍後之進則其誤更無窮焉無已則試與王言國君之進賢舉股肱耳目之司而寄之於賢是需賢者非不甚殷然而明目達聰之世必詢於九官咨於羣牧若不勝遲廻之意者則知登崇俊良

選言居要
舉止大方
顧視清高
氣深穩
點逗有法
一氣流行
曲折奧衍
真有篇如
股股如句
之妙
出落清晰

之非易事也隆束帛干旌之典而重之以進是待賢者惟宜於厚然而升選升秀之始必歷於司徒歷於司馬若不勝濫予之嫌者則知量能授職之未易言也其進賢也其如不得已者也其如不得已也其將有所使者也而斯時國君之心則且即賢者而懸計之將欲任之公餗而無如起自寒微將欲倚爲王楨而無如歸諸遐遠於是輾轉審量於未進之先而以爲若者卑若者疏則且即吾國而重籌之將以鳳岡懷吉士而無如誼重天潢將以鹿野慕嘉賓而無如寵多世祿於是并預揣度於既進之後而以爲若者尊若者戚其將有所使也其卑將踰尊疏將踰戚也曷其柰何不

朗若列眉

意凡數層屈盤往復夭矯行空蛟龍擘海未可方其筆妙

思以領而縱筆以轉而靈

如土委地

慎將謂草茅之下士必不可易朝廷之貴臣也實典常之難誣者然也而惟是膺帶礪者未必能相我國家列槐棘者未必能和我庶事縱欲不使卑者踰其等其將如曠職何於是旁搜俊乂以求倚賴之得人斯不能不使之踰尊矣夫不能不使卑踰尊而何可不先爲之敬謹與將謂閭里之俊傑必不可閒王室之懿親也實禮數之有定者然也而惟是重婚媾者未必能惠我舊好篤本支者未必能守我宗盟縱欲不使疏者踰其分其將如國政何於是下逮弓旌以求豪傑之在位斯不得不使之踰戚矣夫不得不使疏踰戚而何可不先爲之謹恪與可不慎與自古聖王在上衆呈

收束完密
[illegible]瀾歸源

於夢業版築者不以卑賤為嫌熊叶於占釣渭水者不以疏遜為慮是豈别有神奇哉夫亦惟是恪恭為懷敬慎將事心誠於選賢興能之際神周於幽明黜陟之間常存此如不得已之心而已矣

聚奎堂原批

曲折赴題氣疏以達

本房加批

風骨高騫波瀾老成循聲應節之中有醞釀深醇之致

清詞麗句必爲鄰

賦得詢于芻蕘得聞字五言八韻　徐墒

板什傳佳詠芻言寓至文詢茲徵古訓啟乃集多聞妙理芝蘭契良材棫樸分采無遺下體誦更挹清芬春草牛羊路秋林雉兔羣兩端參大知一東效微勤刪蔓岩前雨班荆谷口雲

皇心咨問切謁士策奇勳

聚奎堂原批

詞采雅飭

本房加批

律諧音雅玉韻金鏘

徐春鐸

北遷始祖鍾麟 敕贈文林郎 晉贈武功大夫

始祖母氏楊 敕贈孺人 晉贈夫人

氏宋 敕贈孺人 晉贈夫人

氏吳 敕贈孺人

字振卿號鶴臞行三嘉慶庚申年[illegible]月[illegible]五日吉時生直隸天津府天津縣府學[illegible]膳生民籍

高伯祖學洙 福建臺灣協副將功加左都督 誥授武功將軍

曾伯祖文桂 早逝

曾叔祖之柄 太學生 誥贈奉直大夫 國松 乾隆辛酉科舉人

廷楓 太學生 誥封奉直大夫 齡椿 候選布政司經歷 敕封文林郎 誥贈朝議大夫 晉贈資政大夫振威將軍

堂叔祖炌 乾隆癸卯科副舉人議敘州同 煌 太學生 然 廩膳生挑取謄錄選江西萬安縣縣丞陞德化縣知縣 敕授文林郎 焆 廩膳生

晉贈夫人

高高祖孫森 山東長山縣知縣江南河道同知勅授文林郎晉贈武功大夫

高高祖母氏魏 勅贈孺人晉贈夫人

高祖母氏吳 勅贈孺人晉贈夫人

高祖學淵 貤贈修職郎勅

燮 邑庠生

煊 乾隆戊申恩科舉人候選知縣

煥 太學生候選從九品

焯 太學生候選從九品

炘 乾隆壬子科舉人考充正紅旗覺羅官學教習乙卯科會試特授內閣中書軍機處行走內閣侍讀方略館收掌提調御圓校射賞戴花翎福建道監察御史江南河庫道欽加按察使銜署江寧布政使陞任江西按察使調任湖南按察使署湖南布政使陞任陝西布政使護理陝西巡撫調任山東布政使護理山東巡撫調任福建布政使護理福建巡撫改授內閣侍讀學士欽放陝西布政使護理陝西巡撫兼攝西安鎮總兵軍功從優議敘加四級現任山西巡撫兼兵部侍郎都察院右副都御史提督軍門誥授資政大夫振威將軍

熾 邑庠生

灼 候選布政司經

贈文林郎 誥贈
朝議大夫 晉贈
資政大夫
振威將軍
高祖母氏張 孺人 貤贈
誥贈恭人 晉
贈一品夫人
曾祖金穡 乾隆戊午
科副舉人
誥封奉
直大夫
曾祖母氏李 誥贈
宜人
本生曾祖汝槐 乾隆壬申
恩科舉人山西
潞城縣知縣磁州

歷議敘
府同知 炯 增廣生貤
封儒林郎 烈 太學生 煋 候選布政
司經 烇
歷
堂叔垣 太學生候選從九品 墉 壇 邑庠生 均 太學生 祖
培 附貢生兵部候補郎中武選司兼武
庫司行走則例館纂修校對提調軍
功議敘加一級本 榮封 候選州同 坪 邑庠生 承
科鄉試挑取謄錄
垛 國學生嘉慶己卯順天鄉試挑取謄
錄道光元年恩賜二品廕生內
用光祿寺署正大官署行走兼管典簿
廳軍功加一級乙酉順天鄉試挑取謄
錄 堂 太學生 立 墱 國學生 墀 壬午考職二等
以州吏目即用
候選府 坤 堈 相 堯 壬午科 慶 坊 邑
經歷 武舉人 庠
二

儒學訓導敕授
文林郎誥封奉
直大
夫

本生曾祖母劉氏敕
贈孺人
誥贈宜人

沈氏敕
贈孺人
誥贈宜人

祖煇乾隆甲午科舉
人歷任江西新
昌廬陵縣山東寧
陽縣知縣乾隆壬
子科江西鄉試同
考官敕授文林

生埼壬午科舉人內閣中書　堦附貢生候選批驗所大使　圭

至域　塘太學生　耀奎候選衛千總　堳　贇

堯邑庠生　境　春臺候選鹽場大使　鳳臺太學生　毅

莊

胞叔城河南榮澤縣縣丞咨送候補知縣歷署新安武陟湯陰榮澤縣知縣本年秋汎安瀾河督保奏奉旨儘先補用　圻江西候補從九品歷署都陽萬安安仁縣縣丞吉安臨江府經歷

堂弟如鈺郡庠生　開鉞國學生　恩錫　保衛

寶鎮　聯鑣　占鰲　鼎銓　鳴錞

郎

祖母氏査 敕封孺人

父基 候選縣丞例封文林郎

母氏辛 例封孺人

庶母氏范

具慶下

業師

胞叔名城 河南候補知縣

孫老夫子名紹康 乾隆

光銑　維鐈　以鐿 俱業儒　夢錚　秉銛

鉉鑑　秉鈞　長鎬　葩鎔　偉鑄

乃釗　克鋼　玉錕　惟欽 俱幼

嫡堂兄可銘 廩膳生

嫡堂弟可鏡 業儒　應鈴　書鑰 俱幼

胞兄大鏞 壬午科舉人候選知縣

胞弟士鋐 太學生　雲錦　兆鑀　葆鐐 俱業儒

堂姪思本　思誠 業儒

嫡堂姪思度 業儒　思恭　思義　思禮 俱幼

戊申恩
科舉人

余老夫子名堂嘉慶癸酉
科舉人大挑一等
分發廣東候補知
縣署大埔
縣知縣

課師

邊老夫子名九鼇嘉慶
甲戌科進士現任
天津府儒學教授

徐楊老夫子名緒壬午
科舉人癸未
考取教習

胞姪思敬幼

娶朱氏

子一

女三

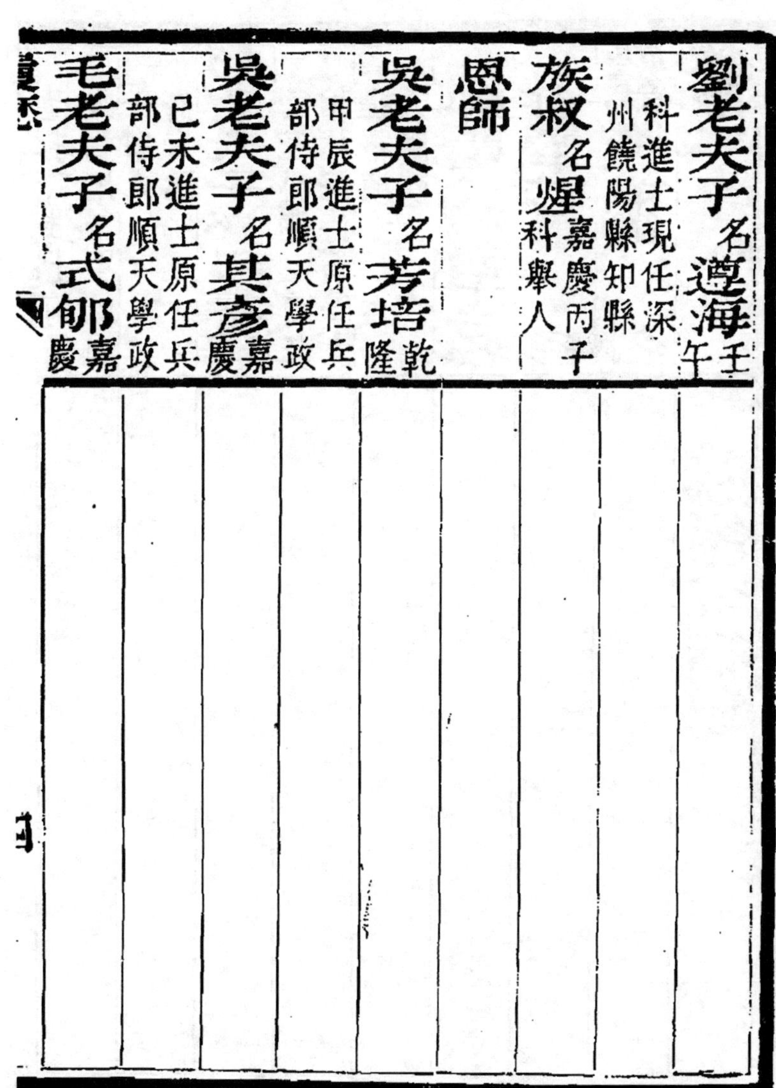

劉老夫子 名遵海 壬午科進士現任深州饒陽縣知縣

族叔 名煋 嘉慶丙子科舉人

恩師

吳老夫子 名芳培 乾隆甲辰進士原任兵部侍郎順天學政

吳老夫子 名其彥 嘉慶己未進士原任兵部侍郎順天學政

毛老夫子 名式郇 嘉慶

己未科進士前任
提督順天學政現
任宗人
府府丞
彭老夫子名邦疇嘉慶
乙丑科進士前任
翰林院侍讀學士
提督順
天學政
鄉試中式第四十三名
會試中式第　名
殿試第　甲第　名
欽點
族繁不及備載

徐界青

字芝田號雲夫行一嘉慶戊辰年正月十……時生直隸天津府天津縣商學優廩膳生

高祖煇先 候推守府 誥授武德騎尉

高祖妣氏俞 勅封宜人

曾祖璽 候選通判 勅授儒林郎

曾祖妣氏于 勅封安人

祖國樑 候選從九品 勅授修職郎

高伯叔祖俊民 康熙戊子科舉人丙… 勅授文林郎貤封中憲大夫

覺民 康熙甲午科舉人詔對欽取內廷行走揀選知縣 勅授文林郎貤封中憲大夫翰林院侍講學士

治民 欽賜舉人歷任福建臺灣府知府 誥授朝議大夫

新民 儒林郎 誥封

康民 國學生

安民 雍正丙午科舉人丁未科進士禮部祠祭司員外郎 誥授奉直大夫 誥封中憲大夫

曾伯叔祖沛 廩膳生

淵 國學生

溢 修職郎

澐 誥封奉政大

議府

祖妣氏李 孺人 例贈

父淮 廩貢生候選布政司理問 勅授儒林郎 例贈文林郎

母氏張 勅封宜人 國學生名堦公女

慈侍下

庭訓

業師

子谷張老夫子 名希

夫

濤 修職郎

浩 戊午科舉人壬戌科進士山西分守冀寧道 誥授中憲大夫

淳 雍正壬子科舉人癸丑科進士歷任戶部廣西司郎中 誥封中憲大夫

泗 邑庠生

濂 國學生

伯叔祖 大林 國學生 大樟 歷任山東蓬萊縣縣丞滕縣知縣

大棠 歷任廣東吉慶州知州 大楨 邑庠生 大本 候選州同知

大來 候選州同知 大業 候選州判 大李 候選從九品

大松 聚珍館議敘原任湖南大龍司巡檢 勅授登仕郎 例贈文林郎

大楷 江西候補布政司經歷借補布政司庫大使 大椿 國學生

大樞 大模 大槐 大枚 時泰 候選

撲 嘉慶戊寅恩科舉人

州判

繩武汪老夫子名成

胞叔淮 候選從九品勅授修職郎

烈 國學生

伯叔 寬 有 東原 歲貢生候選儒學 東平 武庠生 煋

香汀王老夫子名履

嘉慶丙子科舉人 一彥 道光辛巳科舉人 燿 國學生 照 國學

謙 嘉慶庚午辛未聯捷進士歷任

生 熙 廩膳生井陘縣教諭 焯 廣西州同知 烈 候選州吏目 煜

河南通許縣知縣

福建晉江縣知縣

國學生 燕 國學生 煌 炤 烝 勳

現任長樂

縣知縣

胞弟照青 候選從九品勅授修職郎

靜薺族叔名東原 歲貢

兄弟 上達 汝梅 汝棠 汝楫 汝桂

生候選儒學

詩 文 禮 經 紹圻 國學生 紹堯 方署

二

履歷 二

籍青陳老夫子名際清嘉慶戊寅恩科副舉人道光乙酉科舉人

館議敘候選從九品紹堂　紹垣　紹墀候選刑部司獄司　紹奎國學生　紹均　紹垒國學生　紹先議敘從九品　紹壎　紹綵邑庠生　紹坦

紹先曾老夫子名福祚增廣生

妻劉氏國學生名國泰公女

子錫椵　錫齡

三與族叔名煋嘉慶丙子科舉人

姪鐸　鑑　鈞　錦　嘉錫　嘉銘

鈺　鎬　鏊　釗　鋹　鐀　鉁

蓮舫任老夫子名鴻賓嘉慶戊寅恩科舉人

篆莊疏老夫子 名 賓
安徽桐城人道
光壬午科進士
洽庭戴老夫子 名 本
義 嘉慶戊寅己卯
恩科聯捷進
士 欽點內閣中
書現任四川保寧
府閬中
縣知縣
湘帆張老夫子 名 雲
行 河南祥符人嘉
慶庚午科經魁
道光丙戌大挑一等
分發四川候補知縣

蘭溪王老夫子名用

賓道光壬午癸未聯捷進士欽

點禮部主事

春舫周老夫子名[illegible]

棠浙江仁和人嘉慶戊寅恩科

舉人丙戌大挑二等候選教諭

課師

翊齋吳老夫子名成

勳浙江仁和人嘉慶庚午科解元

恩師

伯雨毛老夫子 名式郇 左副都御史前任提督順天學政現任江西主考

春農彭老夫子 名邦疇 翰林院侍讀學士前任提督順天學政

夢白鄭老夫子 名祖琛 前任天津兵備道

竹醉李老夫子名振

翥天津兵備道現署直隸按察司

海城蔡老夫子名學

川前任天津長蘆鹽運使司

鄉試中式第七十六名

會試中式第　名

殿試第　甲第　名

欽點

族繁不及備載

趙香森

字貞桂號金榮一號性田行一嘉慶壬[illegible]月初四日吉時生直隸天津府天津縣縣[illegible]民籍

始祖應舉前明指揮使

始祖妣氏陶

高祖蒼璧國學生

高祖妣氏劉

曾祖廣益恩賜正八品例贈文林郎

曾祖妣氏甯例贈孺人

祖燕候選從九品例贈文林郎

祖妣氏周例贈孺人

父富權候選從九品例贈文林郎

母氏宋例贈孺人

母氏陳例贈孺人處士諱而英公女邑庠生諱

胞伯叔祖煦　熙　勲

胞叔養源

堂叔錫成　錫玉

堂弟香林　香芸　香翰　香幹　香華俱業儒

娶許氏

子統文　統福俱業儒

女一

履歷

延誤胞妹

嚴侍下

業師

學山邱老夫子諱昱泰增廣生

桂颿邱老夫子名禹昌廩膳生嘉慶甲子科挑補內廷國史館謄錄官前任安徽廬州府無爲州奧龍分司

貢西繆老夫子名琳球邑庠生

芸閣朱老夫子名照丁丑歲貢就職訓導候選

小蕉葉老夫子諱夢元乾隆壬子科舉人原任行唐縣教諭

課師

賓生伍老夫子名長華嘉慶甲戌科探花兩任長蘆鹽運使司

梅亭陳老夫子名崇禮現任長蘆鹽運使司

翊齋吳老夫子名成勳嘉慶庚午科解元

癸山王老夫子名發桂乙酉科經魁

恩師

采田李老夫子名蕃前任天津府知府

美存吳老夫子諱其彥嘉慶己未科進士原任兵部侍郎順天學政

伯雨毛老夫子　名式郇　嘉慶乙未科進士都察院左副都御史前任順天學政

春農彭老夫子　名邦疇　嘉慶乙丑科進士翰林院侍讀學士前任順天學政

鼎甫沈老夫子　名維鐈　嘉慶壬戌科進士翰林院編修宗人府府丞前任順天學政

竹醉李老夫子　名振翥　嘉慶壬戌科進士翰林院編修現任天津河間兵備道

鄉試中式第四名

會試中式第　名

殿試第　甲第　名

欽點

族繁祇載本支

住帶河門外

二

欽命四書詩題

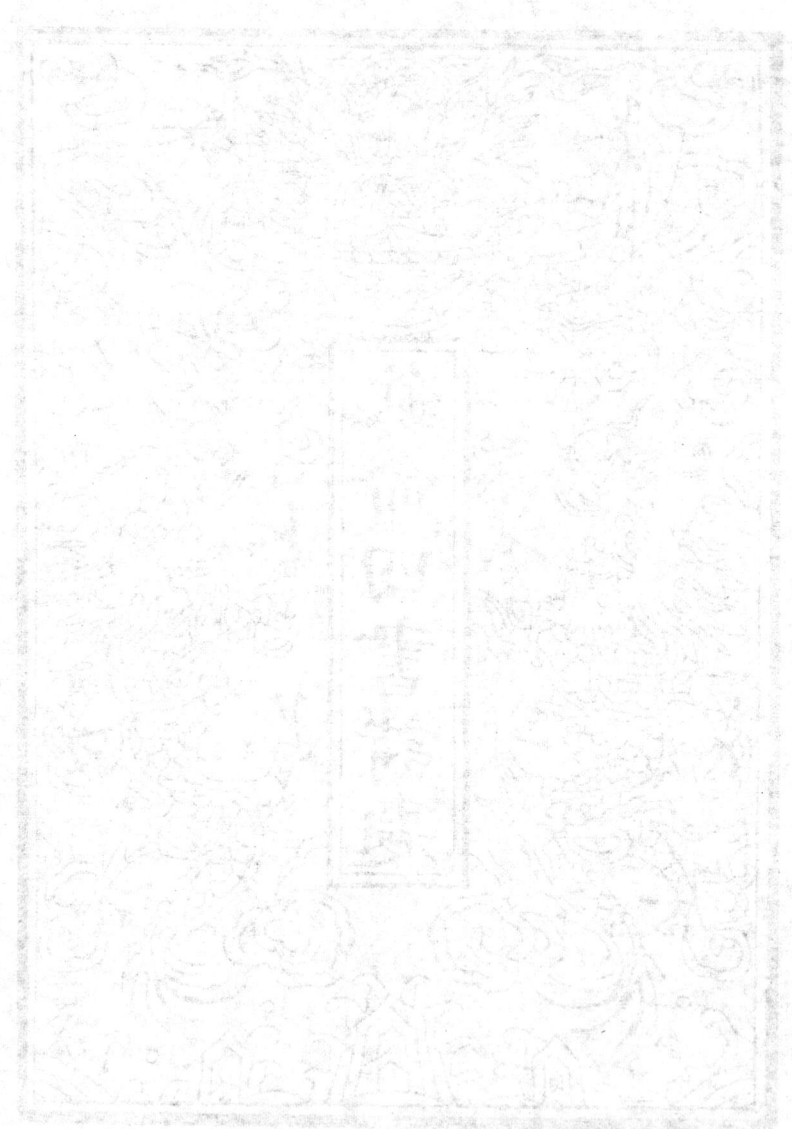

董彙芳

字春墅，號鄰籛，行十，嘉慶乙丑年二月十七日吉時生，天津府天津縣附貢生，民籍，候選從九品

高祖國臣，登仕郎，敕授
高祖母氏羅，孺人，例贈
曾祖玉振，文林郎，例贈
曾祖母氏張，孺人，例贈
祖嘉言，文林郎，例贈
祖母氏張，孺人，例贈
父邦治，文林郎，例贈
母氏許，孺人，例封

族高祖振祖，由附貢生授靈寶縣縣丞，歷任廣東河源、英德等縣知縣，江西上猶縣知縣
振乾
叔曾祖玉衡，邑庠生　玉書　玉崑，從九品　玉德
族曾祖人龍，國學生　人純　人仁　人傑　人麟　人
鳳，邑庠生　人瑞
伯叔祖嘉賓　嘉會　嘉謨　嘉詳　嘉濬　嘉緒
族伯叔祖大經　大成　大綬　大榮　大定，國學生　大
綸

履歷

慈侍下

業師

椿圃陳老夫子 諱大年 邑庠生

珮蒼劉老夫子 名冕 順天辛巳恩科舉人

體乾楊老夫子 諱健 廩膳生

郁亭高老夫子 名文佩 邑庠生

介山孫老夫子 名貞 靜邑庠生

堂伯昭詒 增廣生 昭譜

胞叔邦禮

堂叔啟賢 啟昆

族伯叔天錫 天保 天爵 有泰 天永 天裕

天慶 鏞 天治 邑庠生 天浩 候選從九品 天淇 候選從九品

天惠 天恩

胞兄彙平 彙元

堂兄彬 灝

族兄弟玉森 作新 用賓 作賓 懷新 廩膳生 景新

惟新 銘新 肇新

朗村黃老夫子名焜邑庠生

丹亭韓老夫子名夢彖廩膳生

誠齋王老夫子名同善廩貢生庚午科謄錄由國史館議敘選授雲南按察司經歷現署陸涼州知州

恩師

竹醉李老夫子名振翥壬戌進士現任天津河間兵備道

謙齋陳老夫子名彬辛未科進

胞姪夢堉 思睿業儒

堂姪致中

族姪煇 煜 燿 烜 一飛 烺均業儒

胞姪孫用威業儒 用休業儒 用康幼

堂姪孫全順幼

娶侯氏乾隆癸卯科舉人原任天津城守營部廳山東武定營守府候選都閫府 恩加三品銜 崇祀鄉賢諱肇安公胞姪女候選守衛所 恩加七品銜諱肇達公胞姪女國學生 恩加六品銜名肇泰公胞姪女國學生諱肇璽公女

子思敬幼

女一

士現任天津府知府

彦和顧老夫子名汝壽江蘇江寗府上元縣人現任天津府鹽漕河捕分府

香谷盧老夫子名蘭馨現任天津縣知縣

遶亭沈老夫子名蓮生前任天津縣知縣陞任天津府鹽漕河捕分府

敬之周老夫子名棫丙戌科進士欽點知縣前任天津縣知縣

佰雨毛老夫子名式郇己未

科進士前任
都察院副憲

時齋邊老夫子名九鍪乾隆戊申科舉人嘉慶甲戌科進士現任天津府儒學教授

鄉試中式第二百三十名
會試中式第　名
殿試第　甲第　名
欽點
族繁不及備載
住東門外南斜街下

順天鄉試硃卷 道光壬辰科

中式第二百三十名董熏芳 直隸天津府天津縣附貢生民籍

同考試官 日講起居注官 內廷批本處行走詹事府右春坊右庶子加三級 松 閱

薦

大主考刑部左侍郎加三級史 批

取

又 批 禀經酌雅

大主考都察院左都御史加三級白 批

取

又 批 佩實銜華

大主考兵部尚書 武英殿總裁正藍旗漢軍都統鑲白旗滿洲都統加三級 那 批

中

又 批 詞達理舉

大主考 經筵講官 太子少保戶部尚書軍機大臣加三級 王 批

中

又 批 力厚思沈

本房總批

愜心貴當抑奥揚明子雲

沈寂故志隱而味深平子

淹通故慮周而藻密詩律

清穩經義貫穿五策語有

本原詞無枝葉文章有價

已躋選駿之場鉛槧常親

莫負登龍之望

大力鬱盤
方家舉止

一筆撥轉
骨韻琤然

一語破的

淡語耐人

不義而富且貴於我如浮雲　董稾芳

不以富貴動其心聖人之樂愈見矣夫富貴即合乎義亦無以易子之樂也況不義乎視如浮雲其樂又何以易哉今夫人於紛華靡麗之境其不憚皇皇以求者亦謂其有得於我耳不知外至之物得於我者於我無加即不得於我者於我亦何所損此即平心而論固有相安已不足擾吾淡定之天也而况得之而不以道者乎疏水曲肱樂亦在中我非樂貧我樂義也然則於義之外夫亦何者可以易我樂哉惟其然不妨以富貴觀不妨以富且貴觀境遇何常富貴不足為榮豈富貴而反為辱然而暌之以義榮與辱

詩味

精理名言

二比骨理高超是方望溪集中文字

再找一筆題吻宛肖

竟不足論也無心遇之亦無心置之化工不滯亦聽其自然而已遭逢靡定未富貴而歆然詎當富貴而反戚然然而衷之以義歆與戚竟不足計也外無所慕自內無所紛天體常貞亦隨其自適而已然則不義而富且貴於我果何如哉謂我矯語清高以富貴爲桎梏斯人之具我不若是之激也舉世盡巢由誰與贊勳華之治念及此而分中之富貴我固不敢以爲輕然謂我溺情利欲以富貴爲驚世駭俗之資我又不若是之愚也通塞可自致誰與探盈縮之權念及此而身外之富貴我尤不敢以自恃則亦視如浮雲而已不義而富且貴於我果何如哉萬物皆備者此身而富貴

寬以養局

二比晚力沉厚氣韻渾醇

一唱三歎絃外餘音

則聽之於人忽有忽無本無關於皆備之數懿德攸好者此心而富貴則比之自外偶得偶失亦何有於攸好之良故不義之富貴姑無論其不可得也即幸而得之亦不過免於疏水曲肱之困已耳義之所重我即附之而尊曾謂疏水曲肱不足撓我者而竟爲富且貴所動乎哉不義之富貴姑無論其不可求也即强而求之有轉不如乎疏水曲肱之適已耳義之所伸我不因之而屈曾謂疏水曲肱尚足以處我者而反爲富且貴所奪乎哉我自得其爲我而已富貴且無加而况出於不義也乎

本房加批

理精法密高揭羣言

顧視淸高氣深穩

跌宕生姿

故君子和而不流强哉矯中立而不倚强哉矯

董彙芳

觀君子於人已之交其强已可見矣夫處人貴和處已貴中立然或流而倚焉則不足爲强矣豈君子而若是哉且吾人以一身周旋於人已之間必有義理之心以自持乃能各盡其理而無弊荅與人不難於立異而患其苟同持已不妨於獨行而患其偏執夫惟能擇能守斯外不失人內不失已而自勝之風規固卓然可觀已南北之强如是而君子果何如哉夫君子內有以循乎理而無一念之不融外有以勝夫私而無一毫之不盡其强固非一二端

提筆精神振刷

議論確鑿文氣亦復疎爽

所可盡也然吾觀其處人處己之故而強己概見矣夫人之處世也不必立異以鳴高不必矯情以違俗則和尚焉然知之不真則必以人爲是非而失於阿比守之不固亦恐隨聲以附和而失之詭隨和也而流焉矣且夫流不可以言和並有妨於和其強果安在乎惟君子知明處當藹然可親者亦介然不苟其或所見之皆同亦且初無違言而寸衷自有所主其或所見之或異雖至獨出己見而一已仍無所私蓋所守者正正則邪不能干而不流於所薄者並不流於所厚所懷者公公則私不能間而不流於所異者並不流於所同是能擇乎處人之理而守之者也其強也斯何如

灝氣流行
迥殊堆垛

之矯矯也哉人之持已也砥節礪名原貴乎自立束身修行尤在乎執中則中立尚焉然識淺者理不明始念以為然繼念以為不然終且流於固執氣弱則志易奪一時入乎此一時即出乎彼久必惑於岐途中立也而倚焉矣且夫倚不可以言中立並有妨於中立其強果安在乎惟君子見貞守固卓然自命者自挺然不移其理之在天下者擇之也精而不敢視乎已其理之在吾心者執之也固而不肯附乎人蓋有定見則神明不眩而始終一理初不倚於一端有定力則疑似不淆而變動不居亦不倚於獨斷是能擇乎處已之理而守之者也其強也不又如是之矯矯也哉再觀

其處達窮而不變此君子之強爲不可及也

本房加批

鬯茂條達順成和動之音

宛轉關生　恰如題位

仁義忠信樂善不倦

董秉芳

溯善之根於心者樂之貴不倦矣夫仁義忠信皆善也心乎樂之而顧可倦乎吾故思夫樂善不倦者且造物之生人也賦以形而卽畀以理其理之分著於吾心者實指之而皆有主名之可按其理之合據於一心者切慕之而要貴用志之不紛葢宰心者理理非一端所可窮而載理者心心不可一息之或間也何以謂之天爵哉則試卽吾心之理觀之溯帝載於穆清之表據乎理之先者則爲仁仁爲心之德實統乎四端仁爲愛之理可遍及萬類乾元之所以言仁也驗民彝於懿美之原制乎事之宜者則爲義以正

分疏四比簡當不支

中權一束如山腰濕霧水面晴虹

理精筆健

萬民而準繩不可越以制天下而適莫可勿庸坤利之所以言義也然有仁與義而發已不克自盡則立念皆虛惟宅心以无妄務使仁義之發於心者念念求其自慊此載理之體所由誠也則忠尚焉抑有仁與義而循物未能無違則與物皆僞惟存心於中孚務使仁義之見於事者在在歸於無欺此宰理之用所由實也則信尚焉若是者皆善也我有其善而樂因以生我得其樂而倦因以生烝民有物則之原是四者擴之與上智同其功背之即與下愚同其過可樂孰甚焉乃或淺嘗輒去而倦之機已乘矣夫仁義爲立人之道忠信爲進德之基樂之而善未有於已其心不敢倦

已將天爵打通可謂思入風雲語經鎚鍊

充暢圓足

樂之而善即有於已其心尤不敢倦也蓋善無窮而樂善之心亦與之無窮焉而已陰隲有降衷之性是四者推本孝弟光四海而通神明閑以節文盡經曲而官天地可樂孰加焉乃或有初鮮終而倦之情莫振矣夫居仁由義大人之事備敦忠履信儒士之行端樂之而或萬善之未賅其心不可倦樂之而有一善之未賅其心尤不能倦也蓋善無盡而樂善之心亦與之無盡焉而已是則盡其當然不待營求而自具求其在我不假勢位而常尊所謂天爵者固如此

本房加批

題無剩義筆有餘妍不逼不侵允㑺合作

賦得萬物靜觀皆自得得觀字五言八韻　董彙芳

萬物含名理須從靜裏觀心靈山水契眼界海天寬眉睫求

諸近鳶魚察所安春來池草綠秋老樹林丹有象參真諦無

言露妙端風花驚一瞥日月逐雙丸邂向閒中領神從悟後

看

皇衷釐茂對

仁育盡臚歡

本房加批

工穩流利

徐如鈺

字相伯號式亭行一嘉慶庚午年[illegible]月十五日吉時生順天府大興縣廩[illegible]民籍

北遷始祖鍾麟 勅贈文林郎 晉贈武功大夫

始祖母氏楊 勅贈孺人 晉贈夫人

氏宋 勅贈孺人 晉贈夫人

氏吳 勅贈孺人

高伯祖學洙 福建臺灣協副將功加左都督 誥授武功將軍

曾伯祖文桂 早逝 金楷 乾隆戊午科副舉人 誥封奉直大夫

之柄 太學生 誥贈奉直大夫 國松 乾隆辛酉科舉人 汝槐 乾隆壬申恩科舉人山西潞城縣知縣磁州儒學訓導 勅授文林郎 誥封奉直大夫 廷楓 太學生 誥封奉直大夫

堂伯祖煇 乾隆甲午科舉人歷任江西新昌廬陵縣山東寧陽縣知縣壬子科江西鄉試同考官 勅授文林郎 炌 乾隆癸卯科副舉人議敘州同

一

晉贈
夫人
高祖孫森山東長山縣知
縣江南河道同知
勅授文林郎
誥贈武功大夫
晉贈資政大夫振
威將軍山西巡
撫提督軍門
高祖母魏氏勅贈孺
人　誥贈夫人
晉贈一品夫人
吳氏勅贈孺
人　誥贈夫人
晉贈一品夫人

煌太學生　然廩膳生挑取謄錄選江西萬安縣縣丞陞任德化縣知縣
勅授
文林郎　熠廩膳生　燮邑庠生　煊乾隆戊申恩科舉人候
選知縣　焕太學生候選從九品　貤封
承德郎光祿寺署正加一級　焯
太學生候
選從九品
堂叔祖熾邑庠生　烈太學生　煜候選布政司經
歷　誥封奉直
大夫　烓
胞叔祖灼候選布政司經歷議敘府同知　炯增廣生　貤
封儒林郎光
祿寺署正
堂伯基候選縣丞例封文林郎　城河南候補知縣歷
署新安武陟湯陰

高祖學淵 貤贈修職郎 敕
贈文林郎 誥贈
朝議大夫 晉贈
資政大夫振威將
軍山西巡撫提督
軍
門

高祖母氏張 貤贈孺人
誥贈恭人 晉
贈一品夫人

曾祖齡椿 候選布政司經歷
敕贈文林郎 誥
贈朝議大夫 晉
贈資政大夫振威
將軍山西巡撫提

滎澤汲縣事現任光山 圻 江西候補從
縣知縣 敕授文林郎 九品歷署鄱
陽萬安安仁縣縣丞 垣 太學生候
吉安臨江府經歷 選從九品 壙

壇 邑庠生 均 太學生

堂叔榮封 候選州同 坪 邑庠生 堂 太學生 墀 道光壬午考職
二等以州吏目即用候選府經歷 坤 堈 圭 [illegible]

域 境 春臺 候選通判 鳳臺 太學生

嫡堂叔立墱 太學生 相堯 道光壬午科舉人 慶坊 邑庠生
生 堉 道光壬午科舉人內閣中書協辦侍讀國史館分校方略館總校
加一級紀錄三次 塘 太學生 耀奎 候選千總 衛 堳 候選從九

二

督軍

門

曾祖母氏沈 候選縣丞誥贈武德騎尉諱廷佐公女候選從八品勅封文林郎諱震公胞妹乾隆甲午科鄉魁廣東督標右營守備諱大璋公胞姊乾隆壬子科舉人已未科進士山東昌邑縣知縣福建上杭縣知縣諱士煋公

貤封武德騎尉名維毅公嘉慶甲子科舉人兵部差

品

贇堯 邑庠生 毅莊 候選布政司經歷

胞叔承塽 二品蔭生內用光祿寺署正大官署行走兼管典簿廳黃冊房稽察所事務已卯乙酉科順天鄉試挑取謄錄補充功臣館謄錄候選員外郎 堦 附貢生候選批驗所大使

堂兄大鏞 道光壬午科舉人河南候補知縣現署唐縣事 廉鍔 道光壬辰科舉人 士鈐 原名春鐸道光戊子科舉人 士鋐 太學生

堂弟士錦 邑庠生 恩錫 保衡 寶鎮 光

鍰 聯鑣 葆錄 應鈐 占鰲 鼎

銓 維鐍 人鏡 鳴錞 以鐮 夢

官原任廣西平樂
協右營守備洊陞
遊擊諱維雄公胞
姑母　勅贈孺人
誥贈夫人
晉贈一品夫人
祖炘乾隆壬子科舉
人考充正紅旗
覺羅官學教習乙
卯科會試　特授
內閣中書軍機處
行走內閣侍讀方
略館收掌提調
賞戴花翎福建道
監察御史江南河
庫道　欽加按察
使銜兩署江寧布
政使陞任江西按

錚　士鍈　寶綸　晉錫　秉銛　振
銛　士鎔　乃釗　質鋼　秉鈁 俱業儒
性鈖　燃銛　恩銘　恩鑅　士銅
惟欽　玉錕 俱幼
嫡堂弟偉鑄 業儒
胞弟開鉞 太學生　秉鈞 幼殤　鼎鑾 幼殤　振鈞　士
銓 俱幼
堂姪思元 郡庠生　思穆　思聰　思忠 俱業儒
思敬　思恭　思度　思安 俱幼

察使調補湖南按察使署理湖南布政使陞任陝西布政使調補山東福建布政使護理陝西山東福建巡撫攺授內閣侍讀學士 簡放陝西布政使護理陝西巡撫兼攝西安鎮總兵督辦軍務軍功從優議敘加四級道光戊子科陝甘鄉試監臨陞任山西巡撫兼兵部侍郎都察院右副都御史提督軍門巡按鹽政調署陝西

胞姪思勉 思齊 俱幼 殤

娶查氏乾隆丁酉科舉人候選郎中誥封中憲大夫諱誠公孫女嘉慶戊午科舉人辛酉 恩科進士翰林院檢討 日講起居注官左右贊善左右中允陝西督糧道 誥授中憲大夫諱訥勤公女現任甘肅西寧府貴德廳撫民同知名寶勤公胞姪女

子思本 思誠 俱業儒

女二

巡撫改授湖南按察使內擢太常寺少卿兼署光祿寺卿歷任光祿寺卿誥授資政大夫振威將軍例晉光祿大夫

祖母氏韓原任湖北光化縣典史諱鎮公女乾隆己酉恩科舉人諱理公胞妹都察院都事名溥公安徽潁州府通判名奎公兵部司務廳兼武庫司行走則例館纂修名文公

堂姊浙江候補布
政司理問名星泉
公胞姑母誥
封一品夫人
父祖培附貢生兵部
武庫司郎中
兼武選司行走則
例館纂修提調軍
功隨帶加一級
議敘加一級
母氏李候選直隸州
知州誥封
中憲大夫諱汝士
公女原任福建光
澤鳳山縣知縣
勅授文林郎諱汝
霖公誥封奉直
大夫諱汝元公胞

姪女山東維口批驗所大使諱坡公庚午科舉人諱鼎泰公胞妹太學生諱坊公候選衛守備名泰徵公胞姊

氏

鄭

乾隆戊申恩科舉人嘉慶己巳恩科進士內閣中書山東登州府同知誥授奉政大夫名士杰公女太學生名紹曾公胞妹

祖慈侍下

具慶下

五

業師

江鳴韶夫子 名詠 乾隆乙卯順天鄉魁

胡用賓夫子 名體原 嘉慶戊午舉人直隸清河縣知縣

鄔仙坡夫子 名承宗 歲貢生

閔玉樵夫子 諱錫圭 恩貢生道光壬午考職一等一名山東寧海州州同

吳渭尊夫子 諱實 嘉慶丁丑進士陝西渭南縣知縣

祝槐卿夫子諱淳禧嘉慶戊辰進士江西建昌縣知縣

夏玉延夫子名寶晋嘉慶癸酉舉人丙戌大挑一等分發山西前署浮山縣事

丁禮門夫子名公路嘉慶辛酉進士山西武鄉縣知縣

家植生夫子名經嘉慶己卯進士現任翰林院編修

課師

鄧嶰筠夫子名廷楨嘉慶辛酉

進士現任
安徽巡撫

沈雲巢夫子 名兆澐 嘉慶丁丑
進士江蘇蘇
州府知府

鄭朗如夫子 名瑞玉 嘉慶己卯
進士前掌福建道監察
御史現任大理寺評事

王執軒夫子 名允中 嘉慶丁丑
進士現任天
津兵備道

恩師

周湘芷夫子 諱衡 乾隆甲寅舉人
直隸正定府知府
前天津縣知縣

李秉田夫子 名壽 前天津府知府

毛伯甫夫子 名式郇 嘉慶己未進士都察院左副都御史前宗人府府丞順天學政

沈鼎甫夫子 名維鐈 嘉慶壬戌進士現任工部左侍郎安徽學政前順天學政

沈飴原夫子 名岐 嘉慶戊辰進士現任兵部左侍郎辛巳順天鄉試同考官

張曉瞻夫子 名日晸 嘉慶丁丑進士現任四川成都府知府壬午順天鄉試同

考官

蔣雲賓夫子　諱泰堦　嘉慶己巳

進士山東道監察御史

戊子順天鄉試同考官

彭壽村夫子　名作邦　嘉慶甲戌

進士現任宗人府主事

壬辰順天鄉試同考官

鄉試中式第九十四名

會試中式第　名

殿試第　甲第　名

朝考

欽點

族繁不及備載

現居京城宣武門外前孫公園

欽命四書詩題

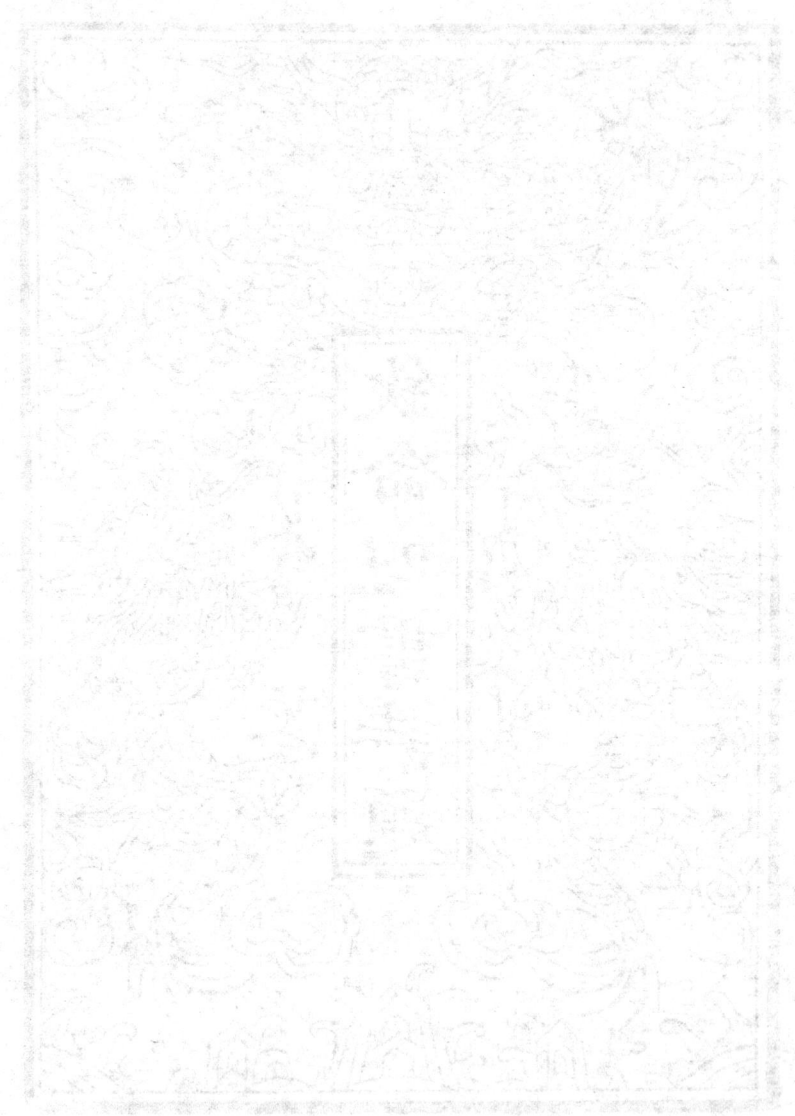

殷序之字小東號六皆一號六癡行六嘉慶癸亥年八月二十七日亥時生直隸天津府天津縣監生民籍候選知州

始祖成原籍江南合肥縣人

二世祖忠洪武初以軍功誥封明威將軍河南歸德衛指揮僉事永樂二年調補天津左衛世襲指揮僉事

三世祖彪世襲指揮僉事

四世祖貴世襲指揮僉事

五世祖洪世襲指揮僉事

六世祖建世襲指揮僉事誥贈指揮同

七世伯祖伯　仲

九世伯祖鐸世襲指揮同知

十世伯叔祖善世襲指揮同知　林　木　賢

十一世伯叔祖汝學世襲指揮同知　汝校　汝松　汝桂　汝權

十二世伯叔祖顯夏庠生　顯秋　顯才　顯能　顯德　顯鑄　顯城　顯義　顯乾　顯坤　顯時　顯謨

知左都督

六世祖妣氏馮夫人 誥封

七世祖尚質世襲指揮僉事掌天津衛事有政聲歷陞都督僉事鎮守遼東總兵官特晉榮祿大夫謚忠愍

本朝雍正十二年奉

旨崇祀忠義祠事載天津縣志畿輔通志明史稿

七世祖妣氏倪夫人 誥贈

七世繼祖妣氏楊夫人 誥封

八世祖嗣世襲指揮僉事

八世祖妣氏秦夫人 例封

族太高伯叔祖復武 復齊 復兆 復虎 復麟 復功 復瑞 復盛廪膳生 復起

太高伯叔祖朝佐 朝鳴

族高伯叔祖艮愷 艮佑 艮漢 艮玉 濬勅封武信佐郎 哲 儀郡庠生 鼎 說 序

堂高伯叔祖桂樂 桂貴 桂奇

嫡堂高伯叔祖桂茂太學生誥封奉直大夫 桂蕃太學生例封徵仕郎

族曾伯叔祖士彥 士俊 士宏以軍功拔補天津海口汛外委千總 士亮 士琦 乃賓勅封武信佐郎 乃果庠生 乃達 乃立 乃斗 乃岳 乃崐 乃阜 乃泰 乃宗

九世祖德
九世祖妣氏趙
十世祖繼科
十世祖妣氏胡
十一世祖萬倉
十一世祖妣氏周
十二世祖天常
十二世祖妣氏鄭太學生諱世泰公胞姑母候選員外郎諱秉乾公祖姑母太學生諱裔蕃公高祖姑母丁卯舉人辛未進士

堂曾伯叔祖維璵　維琳　維珍　維瑨
嫡堂曾伯叔祖維玢太學生　維璞中書科中書　維珩布政司理問
族伯叔祖型　埰　基　壃　坡　壘　圩　扞　垿
執　焚德原任漢溝河營千總　墉　域　希奎前任四黨口外委千總
增　垣　墫　垺　坪　坻　封　堯　陛
壎
從堂伯叔祖埭　堪　埈　埩　境　堡　壝　塘
埏　坫　塾
堂伯叔祖坦太學生　希聖邑庠生　塽太學生　墀邑庠生　塏議敘　圻議敘
培邑庠生議敘六品　希孟議敘

御前侍衛原任陝西興漢鎮遊擊諱奎光公高高祖姑
母
太高祖朝祥貤贈奉直大夫布政司理問
太高祖妣氏王貤贈太宜人
高祖桂盛誥贈奉政大夫江南徐州府邳宿運河通判
高祖妣氏王誥贈太宜人
繼高祖妣氏王誥贈太宜人
曾祖維玠字爾錫貢生南河試用同知借

胞叔祖希會議敘州同　貤封文林郎河南祥符縣知縣　希仁邑庠生貤封奉政大夫河南汝州直隸州知州
族伯叔秉恒　秉信　秉鈞　秉錡前任三里淺河營把總　秉釗
秉敬　秉恭　秉錦　秉鐶　長福嘉慶壬戌科進士前任河南考成縣知縣　芳庭嘉慶辛酉　恩科進士前任河南懷慶府教授候選知縣
再從堂叔秉軸　秉鋈　秉元　秉貞
從堂伯叔秉銓　秉鑑　秉鎮太學生　秉錞　秉鉞　秉鉽　秉銳貢生　秉鑱邑庠生　秉正太學生　秉鈐太學生　秉鈗太學生　秉錕貢生　秉鑰廩膳生
嫡堂叔秉鐔邑庠生甲子丁卯戊辰丙子俱呈薦　秉鏗邑庠生官名健中前任河南滎

補江蘇徐州府邳宿運
河通判 例授奉政大
夫 誥封朝議大夫
河南南陽府知府
曾祖妣氏段儒士諱成印公女庠生諱
振太公胞妹 例封
宜人 誥封太恭人
祖希文字蘭亭乾隆壬午科舉人選授山西
長治縣知縣歷任大名
府清豐縣教諭廣平府
雞澤縣訓導 誥封朝
議大夫河南南陽府知
府著有蘭
亭詩鈔
誥封太恭人
祖妣氏張康熙甲午科舉
人諱光第公孫女廩貢
生候選訓導諱淳公長

澤縣少尉候選 秉欽道光壬午科副榜 秉銘東河
布政司經歷 現任欒城縣教諭 投効
未入候
補縣尉
胞叔秉銛附貢生現任廣東瓊州府感恩縣知縣署
肇慶府陽江縣知縣歷任山西寧武府經
歷廣東韶州府經歷高要縣縣丞歷署山西偏關
神池寧鄉平魯縣廣東仁化鎮平縣知縣鎮人獻
蕉陽 秉錄附貢生前署江西臨
輿領 江府新喻縣縣丞
從堂兄弟家和 家相 家修 家望太學生 家麒 家
昌從九品 家駒 家泰 家驤 家鳳從九品 家賓
家讓從九品 家騮議敘 家鸞 家亨 家訓 家謙議敘 家
孫 家聲 家宣 家誠 家鵠 家誥 家善
家振 家彥 家承 家式俱業儒 家範幼

女乾隆癸酉甲戌聯捷進士原任江西餘干縣知縣諱湘公胞姪女乾隆丁酉科舉人諱梓蔭公堂姊太學生名嵩施姑母嘉慶丁卯科舉人諱殿侯選縣尉名汝連堂姑母

父秉鏞字竹坡號東橋乾隆壬子科順天亞元　乾清宮覆試欽取第一等第四名初授河南扶溝縣知縣調任滎澤祥符縣知縣題補汝州直隸州知州歷署陳州府南陽府事沁工攔黃埝告成保奏特旨交軍機處記名　簡授南陽府知府馬營壩大工告竣蒙　恩賞戴

族兄弟次山道光辛卯恩科舉人　仁本道光辛卯恩科舉人　閑同科舉人　兆鏞同科舉人　錫圭同科舉人

堂弟家衡太學生　家弼郡庠生　家盤　家陟　家駿　家康俱業儒　家驥幼

嫡堂兄弟家勳候選縣尉　家纍優行廪貢生候選訓導道光辛卯恩科舉人揀選知縣著有潄玉山房詩集待梓　家伊山東候補從九品歷署武定府經歷濱州州判　家屏庠生

胞兄家讀字簡香現任山東登州府寧海州知州歷署招遠縣堂邑縣知縣　家乂聰穎早世

胞姊一適獻縣乾隆庚子科舉人前河南新鄉縣知縣紀諱樹珊公子太學生諱煐譱

娶程氏歷署山東運河道河南開封府上南同知諱國棻公女現任江南徐州府宿南通判名國

三

藍翎現任南陽府知府署河陝汝地方驛傳兼水利道嘉慶丁卯科河南鄉試同考官道光乙未恩科充鄉試提調官誥授朝議大夫晉封中憲大夫著有音韻一得待梓

母氏李 太學生諱祥覲公次女太學生諱克讓郡庠生諱祥瑞胞姪女郡庠生名金臺邑庠生名鎔堂妹嘉慶己卯科舉人名昀堂姊 誥封恭人晉封淑人

庶母氏宋 序之幼蒙撫育貤贈宜人

氏龐

樑公胞姪女東河候補州同諱紹謙胞妹湖北候補通判名福謙嫡堂妹署山東曹州府桃源同知名寰浙江縣丞名宣胞姑母江蘇通判名宗嫡堂姑母

側室王氏

子萃泉 縣學 幼

胞姪敏 候選鹽運使司經歷 政 幼

胞姪女二 長字道光癸未科翰林現任湖北荊宜施道署按察使司按察使梁名寶常公子次字現任河南開封府下北同知 欽加府銜襲名慶祥公孫山東候補縣丞名國樑公子

嫡堂姪萃喆 萃珏 萃鎣 萃林 萃絲 萃竹 俱幼學

堂姪萃淳 幼

嚴侍下

業師

庭訓

長人胞叔祖夫子 諱希仁 邑庠生 貤封奉政大夫河南汝州直隸州知州

朗山鄭老夫子 名炯 福建永春州人 乾隆己酉科解元湖南平江縣知縣瀏陽縣縣丞道光壬午科湖南鄉試同考官現任福建漳州府南靖縣教諭

筆亭劉老夫子 諱暾 河南內黃縣人

從堂姪萃羣 萃族 萃華 萃福 萃章 萃英 萃芳業儒 萃芸 萃芝 萃芬 萃儀 萃恭 萃賢 萃恬 萃祿 萃儒 萃倬 萃傑 萃倫 萃健 萃億 萃儼 萃僑 萃僴 萃信 萃夔 萃寶 萃艮俱業儒 萃順 萃經 萃源 萃緯俱幼

從堂姪孫同春業儒 同泰 同科 同和 同甲 同安俱幼

乾隆己酉科選拔貢生
前開封府滎澤縣教諭
候選
知縣

豹章李老夫子名文蔚河南洛陽縣
人嘉慶丁卯科舉人
前汝州郟縣教諭

杏橋堂叔夫子名秉鑰府學廩膳生
嘉慶戊寅己卯兩科
道光甲午科俱呈薦

抑傳李老夫子名謙誌河南滎澤縣
人乾隆壬子科舉人
南陽府鄧州學正

幼霞王老夫子諱階慶山東福山縣
人嘉慶戊寅恩
科亞元候選知縣

五

履歷

魚竹邵老夫子名正笏浙江錢塘縣
人嘉慶己卯　恩科會
魁翰林院編修工科掌
印給事中道光乙酉河
南鄉試大主考壬辰科
福建鄉試大主考壬午
科順天鄉試壬辰　恩
科會試
同考官

碩士陳老夫子諱用光江西新城縣
人嘉慶辛酉　恩科進
上前任禮部侍郎己卯
科順天鄉試同考官道
光乙酉科江南大主考
歷任浙江
福建學政

其山陳老夫子諱運鎮湖北孝感縣

人嘉慶己巳恩科進士內閣中書宗人府主事轉補工部屯田司主事

興齋丁老夫子名傑雲南保山縣人嘉慶甲子科解元己巳恩科進士現任翰林院侍讀學士

偉堂陳老夫子名官俊山東濰縣人嘉慶戊辰科進士尚書房行走山西學政現任內閣學士兼禮部侍郎嘉慶庚午丙子科道光壬午乙酉科順天鄉試同考官己卯科會試同考官陝甘大主考戊子科貴州大主考

履

課師

紫垣張老夫子諱向辰福建閩縣人嘉慶丁卯科亞元辛未科進士河南溫縣知縣嘉慶戊寅恩科河南鄉試同考官候選直隸州知州

介坪楊老夫子諱懌曾安徽六安州人乾隆壬子科亞元嘉慶辛酉恩科進士前任湖北巡撫

松石王老夫子名掌絲同邑人嘉慶丁卯科舉人河南候補知府署彰衛懷兵備道

邵庵廖老夫子諱文錦江蘇嘉定縣人嘉慶辛未科進士翰林院編修前任河南南陽府衛輝府知府署南汝光等處水利道嘉慶丙子戊寅順天鄉試同考官道光辛巳恩科江西大主考

蒼門楊老夫子諱峻雲南太和縣人嘉慶癸酉科解元己卯恩科進士前翰林院編修

逵夫李老夫子諱如璋順天通州人嘉慶庚申恩科舉人前任湖南辰州府知府

雲舫鄭老夫子名煊福建永春州人
嘉慶癸酉科舉
人郎選教諭
芸圃李老夫子名光涵順天大興縣
人道光己丑科進士翰
林院編修甲午科河南
鄉試大
主考
耕畬何老夫子名煥經山西靈石縣
人道光壬午科舉人
現任國子監助教
孔脩文老夫子名慶滿洲鑲紅旗人
道光壬午
恩科進士
現任吏部侍郎乙未科
會試大
總裁

忍菴秦老夫子名世法山西陽曲縣人道光壬午科舉人候選知縣

謙谷蕭老夫子名元吉江西高安縣人嘉慶庚申恩科舉人現任河南許州直隸州知州卽陞知府歷署歸德南陽府知府

受知師

範川陳老夫子諱鴻墀浙江嘉善縣人嘉慶乙丑科進士歷任翰林院編修內閣中書道光戊子科順天鄉試同考官

麓門張老夫子諱延閱湖南長沙縣

人嘉慶甲戌科翰林內閣中書協辦侍讀道光辛卯恩科順天鄉試同考官

芝齡李老夫子名宗昉江蘇山陽縣人嘉慶壬戌科榜眼戶部右侍郎道光辛卯恩科順天鄉試大主考

獻山寶老夫子名興滿洲鑲黃旗人嘉慶乙丑科進士現任成都將軍兼署四川總督道光辛卯恩科順天鄉試大主考

南石盧老夫子名蔭溥山東德州人乾隆辛丑科進士予告大學士道光辛卯

恩科順天鄉試大主考

課友

孫蘭陔先生諱珩福建惠安縣人嘉慶己巳恩科進士前任河南商邱縣知縣

曾蔚然先生諱錫齡河南固始縣人嘉慶戊辰科進士前任江蘇鎮江府丹徒縣知縣

薛孚振先生諱詵男江蘇武進縣人嘉慶壬戌科進士翰林院庶吉士歷任河南葉縣南陽縣知縣

王蓮墅先生名德瑛山東福山縣人嘉

慶甲戌科進士現任河南彰德府安陽縣知縣

吳季文先生 名式韡山東海豐縣人道光癸未科進士現任戶部雲南司主事

吳秋漁先生 名儀澄河南祥符縣人道光丙戌科進士現任直隸棗強縣知縣

易屏山先生 名艮俶湖南黔陽縣人嘉慶庚午科解元辛未科進士前任河南南陽府鄧州知州

熊聽淥先生 名廷基江西安義縣人道光己丑科進士現任河南許州郾城縣知縣

袁叔英先生名俊江蘇陽湖縣人道光己丑科進士前任河南許州襄城縣知縣

秦襄坡先生名敦原湖北漢川縣人嘉慶丁丑科進士現任河南南陽府南召縣知縣

夏幹園先生名廷楨江西新建縣人道光壬辰　恩科會魁翰林院編修

于巽之先生名選江蘇金壇縣人道光乙酉科亞元揀選知縣

吳純夫先生名涵一江蘇陽湖縣人附監生嘉慶己卯科謄錄候選州吏目

屆

曾廉舫先生名錫恩河南固始縣人嘉慶丁丑科翰林現任吏部考功司主事

王爽泉先生名宇英順天大興縣人嘉慶己卯科道光辛卯科謄錄現任廣西平樂府通判

徐藹生先生名大鏞同邑人道光壬午科舉人河南候補知縣

秦友芝先生名際昌順天宛平縣人道光甲午科舉人

曹綬堂先生名章印同邑附貢生道光

壬辰科謄錄江西候補縣丞

楊劭起先生名士昕江蘇武進縣人嘉慶己卯科舉人現任直隸河間府寧津縣知縣

履歷

辛卯

恩科鄉試挑取謄錄第六十一名

鄉試中式第一百九十七名

正大光明殿覆試

欽取第三等第二十七名

會試中式第　名

覆試第　等第　名

殿試第　甲第　名

朝考

欽點

族繁不及悉載

世居天津鎮海門外西大沽

順天鄉試硃卷 道光乙未 恩科

中式第一百九十七名殷岸之直隸天津府天津縣監生民籍即補謄錄候選知州

同考試官翰林院檢討武英殿纂修國史館協修記名御史加三級賀 閱

薦 批

大主考大理寺少卿加三級毛

取

又 批 晃旒秀發旌旆飛揚

大主考工部右侍郎兼管錢法堂事務加三級吳

取 批

又 批 磬徹鈴圜金相玉質

大主考吏部左侍郎署都察院左都御史加三級申

中 批

又 批 大用外腓眞體內充

大主考經筵講官吏部尚書國史館副總裁加三級湯

中 批

又 批 雷霆精銳氷雪聰明

本房總批

元神融結障礙胥空靈氣盤旋筌蹄悉化嶽峙淵渟之度金和玉節之音洵劉舍人所謂賈生駿發文潔體清平子淹通慮周藻密者矣詩律出入三唐經義貫穿兩漢五策雕今潤古殫見洽聞撤棘來謁知生代播清芬世綿陰德義方稟訓植躬則克紹箕裘經學傳家游藝則兼通書數心儀往喆藿褱時傾手纂前言芸香遍染此日雲衢翔步欣看蟾窟高攀來春瀛海蜚聲定卜鵬圖遠到勉儲

國器益振家聲將於生有厚望焉

鎔鑄全題如金在冶心精團結風骨高騫

領局超渾兩逗若字尤輕便無痕

未若貧而樂富而好禮者也　殷序之

心超乎貧富之外者非自守者所能及矣蓋貧而樂樂非關貧富而好禮好禮非關富也以視無諂無驕者不益進哉且人之能忘乎境者必心之不忘乎理者也心不忘理斯身在境中心在境外夫是故緣境以求之而其人自得之心見亦離境以求之而其人自得之心益見固非強致其心者所能驟幾其諂也然則無諂無驕豈遂可爲止境哉蓋雖不爲貧富所溺而猶多一善處貧富之見何若併此見而化之也雖不爲諂驕所累而猶多一力制諂驕之心何若擴此心而大之也何者諂心無而憤心起憂虞險阻日

兩截交關處先於反面抉透使未若神理躍躍毫端筆勢如高屋建瓴涵蓋一切蟠虬連蜷夭矯欲絕中權得勢通局皆靈下文意指未到已吞筆靈則揮霍縱橫神光四射

多所鬱而不伸是天困我以艱辛之遇者百年內容有坦途而我自困其恬愉之衷者一息間直無快意也樂何有焉驕心泯而侈心生晏安酖毒情有所留而不去是天處我於豐厚之日者既錮其耳目心思而我自處於華靡之中者又莫正其威儀性命也禮安在焉豈遂可爲止境哉如是而爲止境則必無更進於無諂者而後可也則必無更進於無驕者而後可也豈知學問無窮之道泥一境以求之則已小聖賢無盡之詣進一境以論之則彌高獨不有貧而樂者乎樂非因貧而加也亦不因貧而損縱至窮約困頓極生人失意之遭衆人處之而視爲難堪者是人處之而覺其

一路透邐蓄勢至此乃包墟言之字字清眞而面面圓到運思之細入木三分結斷之高去天尺五詮好禮更極精粹其光韡韡其味醇醲互鑲思密理圓

甚適非强致也寬平廣大之衷皆泮奐優游之趣故俯仰不露其蹐跼亦進退悉著其安舒也迨至內日和而外日順禮即形於所樂之中有使人驟觀之而見其爲貧徐視之而不見其爲貧矣豈猶然爲無諂之貧者哉不又有富而好禮者乎禮非因富始好也而好終不因富累縱至紛華靡麗極生人得意之秋他人値之而易軼易縱者是人値之而有節有文非勉致也心與理謀之時即理與心安之會故不惟寡欲以養其心並且節情以復其性也迨至官自止而神自行樂即生於所好之內有使人乍觀之而見其爲富久視之而不見其爲富矣豈猶然爲無驕之富者哉見其大

收束完整大方家數　正希點浛

則心泰涵養日底於純全心得主而有常胸次日形其坦蕩彼無諂無驕者能之乎吾之以爲未若者此耳

聚奎堂原批

光昌俊偉次三藝亦力量充足詩妥

本房原批

首藝體大思精氣充晉湛次博大精深三有力量詩佳

本房加批

博大昌明之中仍復精切不浮韓昌黎之閎中肆外柳柳州之抑奥揚明殆兼而有之

牟尼一串粒粒晶瑩

提執字爲主腦老眼無花

緊接神來

每字必析兩義力厚

發强剛毅足以有執也　　殷序之

至聖德優於義、詳言之而知其至足也、夫臨天下不可無所執也、發强剛毅、至聖有焉、尚不足以有執乎、且君臨天下者而欲以無爲奏太平之治雖至聖不能握其樞夫惟以必爲之心奮於始以敢爲之心持於繼以能爲之心固於內以常爲之心貞於永斯可以稱大有爲之君而爲凡有爲者所莫能外則試繼寬裕溫柔而進詳其義之德夫義者所以揆萬事之宜而爲人所宜執者也此非因循者所能爲矣故貴發於無事之時而猝然以起則有賴於首發於多事之日而勃然以興則有待於奮發發者義之立於始

思沈法從陳臨川得來

桂何精鍊可當一字一鎌

四項如肉貫串截然分開不得文字字銜接說下猶見先正典型

者也凡人遇事機之乘無以淬厲其精神即無以自免其廢弛而惟至聖之發自不可過也如此此非異懦者所能爲矣故貴强御天下之衆而廣其聽聞則有恃於聰强理天下之紛而致其精力則有藉於堅强强者義之振於繼者也凡人遇事會之變無以激厲其志氣即無以自遠於陰柔而惟至聖之强自不可搖也如此至於發於中而欲不能屈强於外而物不能撓則非剛莫克矣剛者義之內固者也涵養於平日剛大可以配道鎭定於臨事剛健可以體元凡人溺於慾而失其剛者至聖能絕乎慾而成其剛也又如此至於發不窮而無瞬息之間强不變剛不挫而無俄頃之

精義沓出都從析能中來

束上起下章法筆力純是古文神髓

以大氣包舉全題不復條分縷析渾灝流轉直逼漢陽

衰則非毅莫能矣毅者義之永貞者也可大必要可久宏毅所以
致重遠無疆原於無息果毅所以歷初終凡人皆懈於後而失其
毅者至聖能振於終而有其毅也又如此此可以見天下事之大
可爲而有過人之識者必有過人之力也尚不足以有執乎爲天
下開非常之原往往爲之不力者懼驚庸衆之耳目也而壯志因
以不立有四者以濟之疑畏之心不生即頹靡之情悉化投艱遺
大衆人遲回而却顧至聖坐鎭而從容夫乃知刱天下未有之功
者惟至聖足以挈其柄也爲天下致永賴之績往往爲之輒廢者
懼有迂濶之事情也而浩氣因之不伸有四者以運之愼終亦如

愈唱愈高聲流簡外

其慮始患敗更甚於求成開物成務眾人盡其力而不足至聖盡其心而有餘夫乃知定天下遠大之業者惟至聖足以操其券也義德之見也如是

本房加批

飫古書之膏而發其輝故投之所向無不如志其局陣宏整壁壘嚴明則細柳軍容不是過也

太阿出匣銳不可當

全講一塵不滓皎如明月入懷

從聖人御落君子法脈迺清

○○○○○且古之君子過則改之今之君子過則順之　殷序之

過有改與順之分大賢有古今之感焉夫人之過宜改不宜順也改與順異而古今分焉能勿重孟子以君子之感哉且時至後世不惟難與古人同功也亦且難與古人同過過不同而所以處過者異焉過相同而所以處過者亦異焉其始判於心術之微其究根於性情之發而其相懸之數旁觀者第歷舉其狀而世道之升降已係乎其間周公古聖人也其過之著也合天理當人情不得謂非過之宜者也豈今之君子而可藉口哉無論古聖人且即如古之君子其立心制行必求無過而後即安過固君子所不欲有

詮過字語有分別極力爲兩則字作勢聽題有聲

欲翕先張極擒控縱送之妙

推擴言之題蘊乃盡文心所至如水銀瀉地無孔不入

處處互舉形容體雖平而意自

也乃不幸事變之乘避之不可謝之不能求免過而偏以滋過於是乎失足懲於後而惟恐其過之成覆轍誡於前而惟恐其過之復愧心生而改之之念與之俱生矣且夫古君子之過豈必悉求人以相原而心不自遂其非則雖其過無異於今人而初不必爲古人諱何者有過而徙於新斯過已泯也又況勇於改過者其悔必深而其防必密悔之深者妄念不至於復萌防之密者迷途不至於復蹈是改一過而將來之過可由寡以幾於無奚必復爲古人諱乎使後世皆如古人之改過則卽今可以知古而不必復舉以相衡矣不意古之君子竟若獨成其行而不能爲後世法也古

貫澡得子屈氏喚醒深心不徒文法縝密也有義必雙無詞不偶於此見勞算力量

姒鼎溫犀無微不燭使怙非者無處潛形眞乃思窮九天力破餘地

之君子過則改之也至於今之君子其處心積慮亦謂無過而後卽安過亦君子所不欲有也乃有時事會之逢𨚫之不欲居之不安求寡過而適以多過於是乎以詑詑者拒人而絕不以過爲玷以坦坦者處已而絕不以過爲憋怙心起而順之之念與之并起矣且夫今君子之過豈盡不予人以可恕而力不自懲其失則雖其過畧同於古人而究不得爲今人寬何者有過而安其故斯過乃成也又況習於順過者其心必肆而其氣必頽心之肆者不能制內私之伏氣之頽者不能禁外誘之投是順一過而將來之過且由漸而滋之蔓豈得復爲今人寬乎使古人皆如今人之順過

題無賸義
筆有餘妍

則卽古可以知今而不必復舉以相較矣不意今之君子竟若自行其是而不欲與古人類也今之君子過則順之也吾能無古今之感哉

本房加批

文境如雨後青山根骨畢見一種清深樸茂之氣尤雅近抗希堂孟藝獲此的未易才

組織工麗

神韻翛然

賦得曉霜楓葉丹得丹字五言八韻　殷序之

天惜秋容淡江楓耐曉看霜鋪前夜白葉暈幾枝丹著色宜

霞映生涼戀露溥碧纔銷徑曲紅早壓林端日趣三竿度花

眞二月觀疏疏連岸蓼豔豔傍汀蘭豐寺鐘聲歇吳淞客意

寒臨風懷謝句依和愜

宸歡

本房加批

藻思綺合秀骨天成

道光乙未　恩科

正大光明殿覆試

欽派閱卷大臣

經筵日講起居注官東閣大學士稽查欽奉上諭事件處上書房行走翰林院掌院學士國史館正總裁加三級潘

太子少保體仁閣大學士管理兵部事務加三級阮

禮部尚書鑲紅旗漢軍都統加三級恩

經筵講官工部尚書兼管順天府府尹事務教習庶吉士加三級何

兵部左侍郎　文淵閣直閣事加三級廖

吏部左侍郎加三級陳

內閣學士兼禮部侍郎稽查中書科事務加三級陳

公閱進

呈

欽取三等二十七名

故君子居易以俟命小人行險以儌幸　殷序之

居與行異其心君子小人之故可知矣夫君子居易小人行險一以俟命一以儌幸也明其心而定其品其故不可深長思歟且天下有達道焉爲盡人所共由不可以易名也尤不可以險名自居之者舍乎其易而居易者貴矣自行之者出乎其險而行險者多矣此其居心之異邪正攸關嚴品者不可不早辨其故也我思君子心術本光大而復充之以學問凡所謂格物致知講明於居之先者無弗悉也其心公故不入於偏私其心明故不涉於闇昧其心平故不履乎崎嶇止乎其所人不得搖撼之者已先自不得搖

摵也若是則以居易名夫易之當居豈獨君子而君子凜凜焉不敢軼者非強也深知夫窮通之數由於命其通也命若廹之其窮也命若速之於我無所加亦於我無所損也我惟修身以俟之已耳若役志於世情小人之所爲非吾之所肯出也所以勢處其窮觀變者退避明高而君子不薄功名之路時遭其逆見幾者委曲遠罪而君子不開規避之端以我處天下之安天下之危者不能以危之也則以之之故可思也若夫小人心術本卑鄙而復益之以貪惏凡所謂智盡能索講習於行之時者無弗至也其心私故不及夫公正其心昧故不逝於光明其心頗故不由夫坦蕩履乎

其途人不得遷就之者已先自爲遷就也若是則以行險名夫險之不當行豈獨小人而小人孳孳焉不欲返者非昧也洞悉夫事物之至可以幸事不可成有幸而成之者物不可致有幸而致之者於我有所利亦於我無甚害也我惟竭力以儌之已耳若用情於正大君子之所爲非吾之所能幾也所以明知其無益而多方求濟妄冀夫萬有一成至於廉恥之念衰而士風壞矣深知其有益而百端求合務期夫萬有一然至於攀援之勢衆而士風益壞矣以我行天下之僞天下之詐者皆從而詐之也則以之之故當辨也人可不勉爲君子而鑒夫小人以求合於素位而行之道哉

賦得行不由徑得公字五言八韻　殷孚之

一步垂千古奚由小徑通端人嚴爾履修士範其躬路鄙終南捷羣誇冀北空居心無曲曲記里總弓弓柳拂長堤緑塵飛遠陌紅騶雒期異日鵠立想高風身與途俱坦情隨理竝融訓行

皇極建

藻鑑本虛公

欽命四書詩題

楊雲棟

字松崖號石生行八嘉慶丙子年十一月初八日吉時生直隸天津府天津縣附學生民籍

高高祖志德 候選縣佐 例封文林郎

高高祖妣氏李 孺人 例封

氏陳 孺人 例封

高祖生榮 例封文林郎

高祖妣氏劉 例封孺人

本生曾祖士英 例封文林郎

本生曾祖妣氏孫 例封孺人

曾祖提 郡庠生 例封文林郎 貤贈奉直

嫡堂伯祖肇 增廣生

從堂祖文彬 文彪

從堂叔季允 紹憑 紹凝

族叔蔭清 邑庠生 寶書 邑庠生 寶賢 辛卯科挑取謄錄現充國史館謄錄議敘候選布政司經歷 寶忠 寶樹 國學生

胞伯伯愈 恒占 嘉慶庚申科舉人辛未科進士歷任山西平陽府襄陵縣知縣 勅授文林郎

胞叔亞關

履歷

大夫

曾祖妣氏李 旌表節孝 勅封孺人 馳贈 宜人

祖一崑 乾隆戊申科舉人 候選知縣 例授 文林郎 誥贈奉直大夫

祖妣氏王 例封孺人 誥封宜人

父叔善 例封 文林郎

母氏雷 例封 孺人

具慶下

業師

嫡堂兄春第 國學生候選縣佐 耆章 春澤 業儒

胞兄雲書 邑庠生

胞弟雲章 雲卿

嫡堂弟春鐸

從堂弟雲祥 雲龍

堂姪迹曾 效曾

娶郭氏 武庠生 馳封雲騎尉諱開泰公孫女戊申科武舉原任湖南岳州衛協運府諱際泰公姪孫女壬子科武舉歷任浙江温州衛督運府名長清公姪女國學生名符清公女

子

女

姊丈竹屏于老夫子 名价藩 郡庠生

表叔祖仁齋張老夫子 名長善 歲貢生候選訓導

雅肯閻老夫子 名大文 邑庠生

永嘉邵老夫子 名邦靖 廩膳生

桂舫劉老夫子 名慶元 己卯科謄錄乙酉科舉人候選知縣

芸閣朱老夫子名照歲貢生候
選訓導
恩師
甄甫吳老夫子名文鎔嘉慶
己卯科進士提督順天學政現任福建巡撫
鄉試中式第二百十二名
會試中式第　名
殿試第　甲第　名
朝考
欽點

族繁祇載本支
世居鎮海門內經司衚衕

二

順天鄉試硃卷　道光己亥科

中式第二百十二名楊雲棟　直隸天津府天津縣附學生民籍

同考試官翰林院編修加三級陳　閱　薦

大主考工部右侍郎兼管錢法堂事務上書房行走加三級徐　批　取

又　批　格正詞醇

大主考欽差崇文門副監督兵部右侍郎[illegible]滿洲副都統[illegible]管理國子監事務[illegible][illegible]內務府三旗官兵大臣稽察內七倉大臣[illegible]大臣加三級宗室恩　批　取

又　批　機圓法密

大主考經筵講官戶部尚書加三級何　批　取

又　批　紆徐為妍

大主考經筵日講起居注官太子太保武英殿大學士管理戶部事務文淵閣領閣事國史館正總裁稽察欽奉上諭事件處翰林院掌院學士上書房總師傅[illegible]大臣加三級潘　批　中

又　批　卓犖為傑

本房總批

英詞耀日浩氣凌雲運思則春繭抽姸析理則秋毫讓細詩協三唐之律秀擢江花經臚六籍之腴香分鄭草淹通五策卓冠三場揭曉來謁知生夙承家學名著髫齡泒演葛藟竊喜孫能繼祖輝聯棣蕚不妨弟且先兄此時蟾窟分香欣折瓊林之桂來歲鸞坡翔步看簪閬苑之花生其勉旃予有厚望

跟上財字語脉清真筆情幽折

理正講嚴局勢宏敞

貨悖而入者亦悖而出　　楊雲棟

即貨以明出入益知財聚之宜戒也夫貨即不悖入猶難禁其不出也況悖入乎而謂財可聚乎且天下未有共有之財而可據爲獨有者即未有獨有之財而不仍爲共有者非財不可有也以財爲人所共有則公諸人不必私諸已以財爲巳所獨有則益於巳必有損於人究之有非其有未無而可決其必無者雖有而卒歸無有也出入之悖言且如是況於貨乎貨之原開於天地顧百產五行大造何以有不窮之秘本稱物平施以償其願知貨之殖於天地者大而公貨之通權於帝王顧厚生利用度支何以有不竭

眼前指點選義十分醒豁

沉着頓挫包孕無窮

之經準裒多益寡以劑其平知貨之裕於帝王者順而正安有所謂悖哉而無如徒知有入者方且以悖取之也而抑知入則必出者不啻以悖召之也間觀一鄉一邑之間薄有贏餘知稟素封之戒故或歲值凶荒濟急周於里黨時逢困阨推解無間親疏固宜其財將告乏矣乃其後子孫蕃衍無難與人世之席豐履厚而克享其榮者於以知彼蒼之眷顧有由來也彼悖而入者殊難倖邀也又觀一人一家之中富有積貯偏多鄙吝之行將見刻以濟貪雖錙銖有必較險以縱欲更掊克之有方鮮不謂財可長守矣乃未幾怙滅立應一旦舉畢生之盎藏蓄積而蕩然罔存者於以知

提筆精卓　一轉一義　再接再厲

發揮透徹　研鍊精到

正襟危坐

上帝之報施爲不爽也則悖而入者萬難解免也且夫貨不可以悖入者理也不可悖入而甘於悖入者欲也以悖入而不願以悖出者人心也以悖入而必以悖出者又天道也向使厚殖無損厚生則有所入不必有所出詎非好貨者所深幸而不能也盈虛消長環相生禍不能追者福轉能敗耳目心思所不到掩之愈巧者喪之愈工乃知盈滿爲災不留餘地處人實不留餘地自處早夜以思當深悔前此之失計耳假令多藏不必多敗即有所出不必悖而出猶爲黷貨者所樂期而亦不能也一人隘萬類之生鬼瞰其旁者天奪其魄一時釀數世之患孽由自作者害伏幾先賢觀

慷慨而談

剝復之理不以其道得之必不以其道失之消歸無有不且歎聚斂之甚愚哉貨悖而入者亦悖而出平天下者盍鑒諸

本房加批

結體精嚴用筆雄健其廉悍之氣尤覺咄咄逼人

好仁不好學其蔽也愚好知不好學其蔽也蕩

楊雲棟

妥帖排奡 恰如題位

天矯不羣

觀愚與蕩之蔽仁知宜好學矣夫仁知美德也以不好學之故而有愚且蕩之蔽學顧可廢乎哉且夫仁主乎愛海宇豈有不可遍之恩知極乎知古今豈有不可遍之事然自以爲恩無不遍而施濟或受非道之欺則渾厚之所蒙轉甚也自以爲事無不通而探索或有失中之患則聰明之所誤無窮也此其故總由於不好學而已自澆漓之風日熾刻覈者雜言胞與矣得一好仁之人未必非斯世所深幸然而好仁正自有辨吾好吾仁而使民物胥被其

措詞工整

議論風生 文思泉湧

擇仁固善於充周吾好吾仁而使顓蒙並笑其迂仁且流於偏執且夫恩非可濫加也惟準之以情處常而亦可處變惟斷之以義愛人而亦能惡人則好學尚焉從井本窮仁之術而勢之所難處聖賢決不開可陷可罔之端忘身亦成仁之名而理之所難通忠藎絕不效匹夫匹婦之諒非然者以好仁之故而不辨輕重緩急之差則小惠未周布德適所以斂怨不別遠近親疏之序則兼愛是鶩育物反勝於保民將使天下難其仁咎其仁并後世之進仁者相與畏避夫仁所失不較多乎吾無以斷之斷之以好仁不好學其蔽也愚一自虛靈之體易昏冒昧者難言慧悟矣得一好知之

語有斤兩

題無剩義

以包羅爲詮發精切不磨

人未必非吾黨所樂期然而好知亦自有說吾好爲知而使萬物之理可徵信知何難於貫通吾好爲知而使六合之外無闕疑知又涉於荒渺且夫事非可泛騖也必以見聞擴其識可由粗而得精必以切近斂其才可由博而反約則好學貴焉至道不離行習之恒故大知祇察夫邇言初無事索隱行怪致曲可參化育之理故聖知自達乎天德並無煩極遠窮高非然者以好知之故而溺於清淨虛無之說則冥悟是尚以良知而流爲異端墮於讖緯術數之途則推測自神以前知而託爲奇技將使天下譏其知疑其知并後人之用知者不止穿鑿夫知所患尚可言乎吾無以斷之

斷之以好知不好學○其蔽也蕩○

本房加批

切實發揮思沉力厚

實理靈神面面俱到

來脈清真

紆徐委蛇

出入無時莫知其鄉惟心之謂與　楊雲棟

更即出入以驗心人宜知所養矣夫心之出入無定時亦無定鄉明其所謂可不知所養哉且至靜者心也而至動者亦心以其心為有主之心而心不自主矣以其心為有覺之心而心不自覺矣離合於須臾之頃依違於恍惚之交即方寸以窺其神明幾為形容之所不能盡操存舍亡夫非存則不復亡亡則不復存之謂其謂存者之忽而亡也機在於出其謂亡者之忽而存也機在於入夫使有入而無出則既操其心者雖舍之復何傷而心之入不終入也心恃於入而入可據矣心忽於入而入難據矣抑使有出而

隨意擺脫有一口吹不斷之氣

起勢超逸

無入則既含其心者雖存之復奚補而心之出不竟出也心縱於出而出可危矣心防於出而出仍危矣何也以其出入無時也今夫天下之物其出也有時其入也有時未有出之時忽易而爲入之時入之時忽易而爲出之時者且即無出之時而出之必有其鄉即無入之時而入之必有其鄉未有出之鄉不可目爲出之鄉入之鄉不可指爲入之鄉者而不謂瞬息之間莫悉其往復虛靈之地莫測其去留竟有若是之不可知者也其惟心與惟心之謂與且夫變動甚難測也心以操而斯入不知何時而忽出心以舍而斯出不知何時而復入此而欲定其出入之區幾若鬼神之於

二比透闢精融並題中數虛字神理俱到

凝煉獨造汩汩其來

彼於此有不勝其幽渺者矣一息至暫而倚伏幻爲百端寸衷至慮而遷移極乎六合舉蕃變紛紜之類孰有若是之變動不居者乎此固心之所不能自決耳且夫轉移有由然也心雖出而不甘於舍即出之時而旋歸心雖入而不厭其操即入之時而已逝此而欲窮其出入之境幾疑昊天之曰旦月明有莫及其遊衍者矣片念判爲殊途無端而交於俄頃此中自有安宅無端而遁於杳冥即視聽食息之官孰有若是之轉移無定者乎此誠心之所常宜自審耳養心者顧可忽乎哉

本房加批

按脈切理使題神一絲不隔詮發的確尤非浮光掠影之談

對仗工整
熙質之遺

賦得學古有獲 得修字五言八韻 楊雲棟

說命初言學殷廷勵厥修隨時期有獲好古在勤求往訓稽
堯典前型溯禹疇炙從八口誦實與我心謀金鑑觀遥集珠
船益每收惜陰恒監夏播樂比逢秋自不虞牆面非徒伏案
頭
殘餘勤念典
聲教訖遐陬

本房加批

格律精細莊雅不佻

姚學彥

字美士號養泉一號晴帆行三嘉慶辛[illegible]月初八日吉時生直隸天津府天津縣府學[illegible]民籍

太高高祖鳳明廩貢生滄州儒學訓導 例贈承德郎

太高高祖母氏范 例封孺人 例贈安人

高高祖純吾歲貢生東光縣儒學訓導 例贈承德郎

高高祖母氏劉 例封孺人 例贈安人

高祖宗典候選州同知例授承德郎 誥贈奉政大夫 晉贈朝議大夫

高祖母氏陳 例封安人 誥贈宜人

堂伯曾祖宏泰太學生 例贈修職郎

胞伯曾祖廷鈺太學生

從堂叔祖永固從九品

堂伯祖永杰太學生 永植太學生

胞伯祖逢年乾隆己亥恩科舉人辛丑科進士福建詔安縣知縣歷福建建寧府同知任安徽太平府同知歷署江南直隸六安州廣德州知州廬州府太平府徽州府知府護理安徽寧池太廣兵備道乾隆己酉科福建鄉試同考官嘉慶辛酉科丁卯科江南鄉試內簾監試官 誥授奉政大夫 晉授朝議大夫

嫡堂伯承端國學生 緝勳山東候補巡檢署東昌府經歷聊城縣典史 緝文河南候補州吏目署光山縣典史內黃縣主簿 例封文林郎

晉贈恭人

湯氏 例封安人 誥贈宜人 晉贈恭人

曾祖廷斌 乾隆壬辰科恩貢生候選儒學訓導 例授修職郎 誥封奉政大夫 晉贈朝議大夫

曾祖母吳氏 庠生諱元昉公女 例封孺人 誥贈宜人 晉贈恭人

張氏 太學生諱憲譽公女 例贈武德郎諱詡璘公胞妹武庠生 勅贈修職郎諱攀龍公胞姊乾隆己卯科武舉人諱兆熊公武庠生諱兆麟公乾隆乙卯科舉人現任湖

嫡堂叔承謙 郡庠生嘉慶庚午科挑取謄錄 承恩 壬午科舉人癸巳科進士前任河南遂平縣知縣現任舞陽縣知縣乙未科丁酉科河南鄉試同考官 承瀛 郡增生 承豐 壬辰科舉人現充國史館謄錄候選知縣

胞伯承基 少殤

堂兄學崇 學程 榜名學英同榜舉人

堂弟學本 儒業 學廉 儒業 學海 儒業

胞兄學俊 郡增生 學翰 邑庠生

堂姪彤書 儒業

胞姪善長 儒業

娶陳氏 廩膳生己卯科恩貢就職候選州同諱守模公女邑庠生例貢諱守初公胞姪女

子

女

南桂陽州州同名兆第
公胞姑母庠生名式仲
廩生名式金庠生名星
紀式芸胞姑祖母武庠
生名德懋胞姑曾祖母
例封孺人　誥封宜
人晉
贈恭人

祖永言 候選通判 例授承德郎

祖母氏馮
太學生諱廷熤
公女太學生諱
廷炳公・例贈承德郎
諱廷輴公　誥授武翼
都尉諱廷元公胞姪女
國學生諱晉公胞姊國
學生諱旭公嫡堂妹乾
隆庚子科舉人候選知
縣諱智公國學生諱昭
公議敘通判諱昶公武
庠生候選遊擊　誥授
武翼都尉名恩綬公國
學生諱恩溥公增廣生
勅封奉直大夫名暉

公嫡堂姊從九品諱樹
聲公諱樹堦公胞姑母
庚午科副榜歷任山東
昌樂蘭山縣知縣名相
棻公候選巡檢名相桂
公壬午科舉人大挑二
等候選教諭名相芝公
國學生諱相蔭公候選
布政司經歷名修齊公
堂姑母例贈安人

父承鼎 郡庠生
封文林郎
例

母氏馮 國學生諱晉公女
從九品諱樹聲公
胞妹諱樹堦公胞姊
勝生諱源濬國學生名
紹堃胞姑母
例封孺人

具慶下

庭訓

業師

胞兄鐵夫老夫子諱學俊

郡增生

胞兄秋莊老夫子諱學翰

邑庠生

表叔路紹堂老夫子名緒宗

邑增生

嫡堂叔朗山老夫子名承恩

壬午科舉人癸巳科進士

現任河南舞陽縣知縣

表兄孫樹蕃老夫子名際昌

廪膳生

嫡堂叔玉農老夫子名承豐

壬辰科舉人現充國

史館謄錄候選知縣

恩

課師

章荆飃老夫子 名沅 嘉慶庚辰科進士翰林院編修現任長蘆鹽運使司

徐楊卜梅老夫子 名緒 壬午科舉人大挑二等候選教諭

宗師

吳甄甫老夫子 名文鎔 嘉慶己卯科進士現任福建巡撫部院前任順天學政

[illegible]光[illegible]殿覆試第三等第[illegible]名

鄉試中式第百七十六名

會試中式第　　名

殿試第　甲第　　名

欽點

族繁祇載本支

住天津鎮海門內

欽命四書詩題

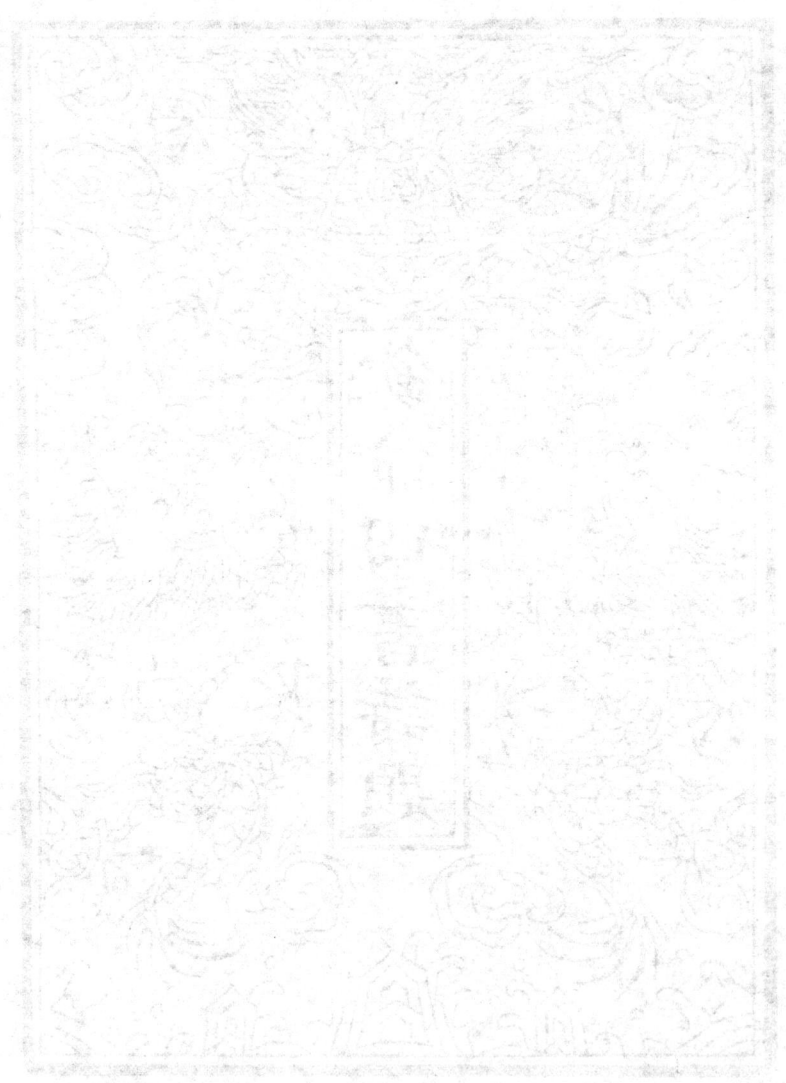

王汝湄

太高祖諱文圭太學生例贈文林郎

太高祖母氏汪太孺人例贈

高祖諱毓麟候選州判例贈文林郎晉貤朝議大夫

高祖母氏尹例贈孺人晉貤太恭人

曾祖諱昆太學生誥封朝議大夫晉封中憲大夫河南彰衛懷水利兵備道

原名鼎源字潤泉號小松行一嘉慶己卯年二月十八日寅時生直隸天津府天津縣副貢生民籍現充正黃旗官學漢教習

高叔祖毓秀候選孔目 毓質庠生

曾叔祖欽國學生 尚 對

從堂伯祖奕年庚子科舉人己酉科進士

從堂叔祖居敬國學貤封文林郎晉貤奉直大夫 作賓 居正國學生 作楫 作新 作易 作礪 居寬 居讓

從堂叔鑑邑庠生 掌禮內閣滿票籤供事玉牒館議敘從九分發湖北前任漢陽府漢陽縣沌口司巡檢 釗 鍵 之珍則例館議敘未入歷署河南河南府洛陽縣典史南陽府裕州吏目現任懷慶府原武縣典史 錦 掌翰國學生 鏵 鏈 鈞 銓 鉞 銳 鐄 掌書 掌典

曾祖母氏嚴 誥封太恭人 晉封太淑人

祖 諱青選 稟膳生 誥封朝議大夫 晉封中憲大夫河南開歸陳許兵備道

祖母氏朱 誥封太恭人 晉封太淑人

父 名堂綵 嘉慶甲子科挑取謄錄丁卯科舉人出翰林院功臣館議敘知縣選授河南陝州閿鄉縣知縣大計卓異候陞調歸德府商邱縣署南陽府南召縣知縣陞開封府鄭州知州癸酉丙子兩科內簾同考官 欽加府銜開封府下南同知三署開封府知府署河南府知府

族叔壽鶴 壽彭壬辰科舉人 熙善安徽潁州府通判

胞弟鼎夔郡庠生本科薦卷堂備

從堂弟志和邑庠生 鼎盛郡庠生本科薦卷堂備 鼎熙邑庠生 汝銘

太學生 志勲 志昌 鼎洛 鼎梅 樹 株 楝 俱業儒

族兄汝嘉郡庠生

族弟奕淳太學生 汝元 汝翼 汝爲 汝明俱業儒 奕雲 奕瀛俱幼

胞姊二 一適丙子科舉人原任冀州南宮縣教諭胡公諱裕昆公長子名受祺 一適母舅鄭公名長昕公長子東河候補從九名言經

胞妹二 一適附貢生歷任河南開封府蘭儀縣縣丞蘭儀縣懷慶府原武縣知縣 欽加同知銜

開歸陳許兵備道河北彰衛懷水利兵備道己亥科充文闈提調武闈監試二十一年祥汛大工告竣 賞戴花翎本科鄉試監試官現任陳州府知府隨帶軍功加一級 誥授朝議大夫

嫡母氏李 誥贈恭人例晉淑人處士諱元瑞公女

繼母氏鄭 誥封恭人例晉淑人增貢生河南陝州靈寶縣縣尉諱緒鴻公女壬午科舉人署江西吉安府蓮花廳同知壬辰甲午兩科內簾同考官前任永新縣知縣名長掀公胞妹東河候補從九名言經胞姑母庚子科編

現任南陽府葉縣知縣鹿公名傳洵次子東河通判名翔理一字壬午科副榜現任正定府欒城縣教諭殷公名秉欽長子候選布政司經歷前任河南開封府滎澤縣縣尉諱健中胞姪名家駿

娶陳氏 嘉慶庚申科亞元歷任河南許州長葛縣懷慶府修武縣南陽府葉縣歸德府商邱縣知縣署睢州知州戊寅己卯兩科內簾同考官前任衛輝府衛糧通判諱德秀公女候補江西府經名子敬胞妹太學生名子純胞姊

女一 殤

胞姪鴻瑞

履歷

修名大誠

從堂姑母

生母氏劉 誥封恭人例晉淑人候

選縣尉諱

萬武公女

繼母氏薛 誥封恭人例晉淑人歷

署河南開封府祥河同

知歸德府商虞通判候

補通判諱玠公女東河

未入流名和慶公胞妹

庶母氏彭 孺人例贈

嚴慈繼慈侍下

業師

庭訓

丹山朱老夫子 名仁鳳 河南

二

商邱人歲貢生候選訓導

錫莊徐老夫子　名璋　天津人壬午舉人現任清河縣訓導

文冶王老夫子　名相鎣　山東諸城人廩貢生

斗槎何老夫子　名瀛　江西高安人廩膳生

劭起楊老夫子　名士昕　江蘇武進人己卯舉人原任直隸寧津縣知縣

地山魏老夫子　名謙六　河南郟縣人丙戌科進士候選知縣

房師

樹君梅老夫子 名成棟 天津人庚申舉人永平府教授

允叔湯老夫子 名建中 順天大興人辛巳科舉人山東捕河通判

辰田錢老夫子 名福昌 浙江人己丑榜眼前河南學政內閣侍讀學士

介槎鄧老夫子 名瀛 福建人己丑翰修現任安徽寧國府知府

蔆堂王老夫子 名廣蔭 江蘇人癸未榜眼詹事府詹事順天提督全省學政

課師

笠生劉老夫子名敦元安徽桐城人廩貢生

道南鄭老夫子名大誠河南人庚子科編修

桂樵熊老夫子名祐瀛天津人己亥科舉人丙閣中書

霖宇吳老夫子名惠元天津人辛卯科舉人覺羅教習

年伯朱老夫子名栻之浙江人壬午科進士禮部郎中

秋門陳老夫子名光亨湖北

人丙戌科編修戶科給事中

樸莊楊老夫子名搢藻安徽人戊戌科進士刑部主事

受知師

謙齋陳老夫子名彬河南人辛未進士原任直隸天津府知府

海門帥老夫子諱承瀚湖北人乙丑檢討前順天學政都察院左副都御史

鐵君方老夫子名鍇安徽人己丑編修　記名御史前湖北學政乙未同考官

芾村毛老夫子名樹棠河南

人丁丑編修倉場總督乙未大主考

鏡汀申老夫子諱啓賢河南人壬戌編修山西巡撫乙未大主考

梅粱吳老夫子諱傑浙江人甲戌編修工部侍郎乙未大主考

敦甫湯老夫子名金釗浙江人己未編修前協辦大學士乙未大主考

友石蔡老夫子諱世松江寧人己巳編修前順天府府尹乙未科監臨

蘭檢孫老夫子名銘恩江蘇人乙未編修詹事府左庶子庚子科薦卷房師

裕亭嵩老夫子 名 成 滿洲人丙
申檢討前東河總督辛
丑科教習 欽派閱卷
大
臣
梅堂李老夫子 名 煌 雲南人丁
丑科編修禮部侍郎辛
丑科教習 欽派閱卷
大
臣
滇生許老夫子 名 乃普 浙江
人庚辰榜眼兵部尚書
辛丑科教習 欽派閱
卷大
臣
子鶴陳老夫子 名 孚恩 江西
人乙酉科拔貢大理寺
卿署順天府府尹本科

監臨

乙未

恩科鄉試中式副榜第十五名

辛丑考取旗官學漢教習第三名

鄉試中式第二十六名

正大光明殿覆試

欽定二等第一名

會試中式第　名

覆試第　等第　名

殿試第　甲第　名

朝考

欽點

族繁不及備載

世居城北王秦莊遷居北倉

順天鄉試硃卷道光癸卯科

中式第二十六名王汝湄直隸天津府天津縣副榜貢生民籍現充正黃旗教習

同考試官翰林院編修加三級金　閱

薦

大主考國子監祭酒署都察院左副都御史陞任通政使司通政使加三級花　批

取

又　批　滾雪飛花鏤雲鑿月

大主考　經筵講官兵部尚書加三級許　批

取

又　批　劍光騰紫爐火純青

大主考　禮部尚書兼管太常寺鴻臚寺事務鑲藍旗滿洲都統總管內務府大臣管理　[illegible]事務　武英殿[illegible]總裁　文淵閣提舉閣事稽查右翼四旗幼官學稽查十七倉大臣查城大臣署總理欽天監事務加三級　批

中

又　批　鴻筆千尋龍文百斛

本房總批

神凝秋水度靄春雲風檣陣馬之思鐵壁銅牆之義摹崢嶸於五嶽瀲沆瀣於三霄富敵龍威織就九章之黼黻祕抽虹鑰修成七寶之樓臺次三藝磬徹鈴圓八十字珠聯壁合經學則大春融貫策對則小夏淹通洵爲玉鏡在心金丸脫手者矣闈卷傳觀羣推佳士榜名高唱允洽衆心撤棘進謁知生業繼青箱功深黃絹丁年小試芹藻搴芳卯歲重逢箕裘紹德香分桂窟早發軔於副車名噪槐街復傳薪而教胄此日青雲得路克承燕翼之謀來年紅杏探花定遂鵬程之志勵爾蛾勤慰予鶴跂勉旃毋怠

入門下馬氣如虹并刀哀梨筆鋒犀利通篇主意立定蹊徑迥不猶人

入題簡老

三峯聳峙局陣一新

足食足兵民信之矣

王汝湄

舉王政之全爲問政者策其常也夫政所以爲民也食兵足而民信王政備矣夫子非策其常哉今夫爲政之道莫患乎民生不遂也莫患乎民力不强也尤莫患乎民心不洽也善體國者有以養民則民可使之靜有以衞民則民可使之動有以化民則民可使之安亦可使之危夫而後民生遂民力强民心卽因之而洽斯王政乃畢舉焉賜問政乎賜殆爲民計也夫政之本在民而政之實在食兵與信食所以養民自履畝行而食之名私而民無養矣賜復以布惠則食不周議賑以市恩則食不偏汎舟以告糴則食不

有筆有書令閲者驚心奪目

雲山經用始鮮明

第三比平中見側反宕處仍不脫上二項固是法密亦由心靈

一波未平一波復起如山陰道上應接不

裕徒衆以就粟則食不充此食之可暫不可常也若是則食不足兵所以衛民自邱甲作而兵之義昧而民無衛矣勞師以襲遠則兵不練守障以召募則兵不嚴偏奇以取勝則兵不精作軍以竊威則兵不正此兵之能猝不能豫也若是則兵不足且也食與兵所以化民自食無積儲兵無節制而民遂疑而難化矣三農失其業則民不勤四仲失其時則民不肅內加租於朝則民不靖外乞師於鄰則民不和此民之有離而無合也若是則民不信且夫井田未廢也軍旅可考也總總林林猶然三代直道之民也誠能準九一什一之法備正卒羨卒之規則足於家足於國足於戰足於

假則後血脉精神爲之一振帆隨湘轉一片神行

跟定主意極旋折瀠洄之妙

斂氣歸神去膚存液百鍊鋼化爲繞指柔

之矣二字還他囫圇口氣

○守而民於是乎可靜而民於是乎可動而民於是乎可安亦可危、、如是而食有不足乎足不期於不散也而期於不匱五畝百畝守其經不踰周官之法餘一餘三定其節惟括王制之全不藉權謀不事補苴則凡食之所足者咸有以養民焉而何慮民之不可靜、、哉如是而兵有不足乎足不難於有備也而難於有用以經方訓戰士廟堂之紀律乃明以嚴翼飭戎行司馬之設官乃振不同孱弱不結外援則凡兵之所足者咸有以衛民焉而何慮民之不可動哉、、如是不求信於民而民信之矣言信而民始信之其信淺不言信而民漸信之其信深也同井同袍罔非眞誠之流露荷戈荷

後三正比詞精意湛局緊氣寬允稱完璧

未彌効忠愛之悃忱不憂貧寡不耀富强則凡食與兵之各足者咸有以化民焉又何慮民之不可安不可危哉此王政之全也

聚奎堂原批

排奡之筆蓬勃之氣精銳之思典雅之詞非尋常數墨家所能次三精力彌滿氣象光昌詩佳經藝華實並茂藻不妄抒五策胸有積軸考據詳明如淮陰侯將兵多多益善

本房加批

於塵障中獨開生面而筆力足以騁之驅天馬以行空握靈蛇而照世雷霆冰雪光燄逼人冀北羣才當推獨步

太阿出匣神光陸離黃河落天走東海萬里瀉入胸懷間

神來之筆頂上圓光

一針見血

分風擘流

曰思無邪　王汝渭

引詩言以蔽詩立用思之準也夫詩所以正人之思也曰思無邪不可括全詩之要哉且夫思至一也有所擾則紛思至靈也有所蒙則昧思至正也有所累則偏思至公也有所欲則私古君子懲惡勸善惟惕其神明而觀天下之風俗亦惟運其志慮而範天下之性情斯意旨之所歸即以言之本乎人心者還而正人之心則誦駉馬之章而不禁穆然神遠矣今而後可以讀詩矣今而後可以讀詩三百矣夫詩三百篇非深於思者之所作哉篇什之相沿也因時代而思異因國都而思異因見聞而思又異習尚不齊致

精理名言直透題髓

詩書加蜂釀蜜

點題處有疏密相間之致

清言娓娓理實氣空

晉人揮麈而談撲去俗塵五斗

力穿七札

有憂國愛君之意託爲狂童游女之辭則忠厚尚存而此心依然其各正雅頌之各别也歌美焉而無越思比例焉而無越思興感焉而終無越思運會遞殊致有憤時嫉俗之情謬爲繾綣燕私之語則天良未汩而此理遂協於大同曰思無邪蓋默爲會焉而詩之有邪者當以無邪正之亦借爲鑑焉而思之有邪者即以無邪閑之三百雖多蔽於魯頌之一言可矣思伏於至微而邪入以爲主遂至善幻而難窮乃詩不謂其幻也順以導之而思之未起早清乎其源逆以制之而思之方萌豫防於其後則以一言觀其會通而思日起而有功者邪自日消於不覺夫何事拘支而牽義哉

手如白雨點舌有青蓮花極見行文樂趣

換上一語最爲得旨

思義周匝

文情斐亹可誦可傳

包一切掃一切翻陳出新直抵人千百語

思紛於屢用而邪善投其隙遂至百變而莫測乃詩不謂其變也理準於思而一理之中含自萬理之悉備事定於思而一事之中節自萬事之咸宜則以一言覘其主宰而思不惑於他歧者邪卽不乘於末路又何事章解而句釋哉然則以無邪之旨推而廣之卽謂不止得三百之用可也夫風以言諷凡類於風者無非諷雅以言正凡近於雅者無非正以無邪者遏邪而詩之義蘊出焉則不越乎詩以爲思也亦不泥乎詩以爲思也更以無邪之旨約而精之卽謂不必執三百之見可也夫白華無文猶知孝養青衿刺士不列淫奔以無邪者袪邪而詩之法戒嚴焉則不廢是詩以爲

思也亦不拘是詩以爲思也今而後可以讀詩矣今而後可以讀詩三百矣彼世之讀詩者可不慎所思哉

用複筆宕法一片

本房加批

清思刻露健筆淩雲措詞則石破天驚説理則風生雪亮可謂才大心細

探源星宿來脈清眞程朱之理蒙莊之筆亦精深亦靈活

入勢甚緊妙於綫變而轉換愈神

大含細入元氣渾淪

助之長者揠苗者也非徒無益而又害之　王汝湄

揭助長之弊養氣者宜鑒矣夫氣之助長較之揠苗無異也無益而又害彼養氣者可不慎諸且吾言直養無害則養氣不得爲無益也然天下有益之端特患人不以爲益尤患人不益其益而反以不益爲益益不益其益則益者不能益以不益爲益則益者愈不能益世有其人吾未見氣之能養矣以爲無益而舍之是第舍之焉耳是第無益焉耳而尚未見其有害也獨奈何有助之長者助則操獨創之奇人以爲難彼以爲易而矯揉造作遂欲收效於祟朝則知天下迫以求之者必不能徐以俟之也助則恃獨神之

已伏題而盬其腦

頓之則山立導之則川流挑其縱橫再接再厲曲江風度褒鄂英姿兼而有之

中權制勝脈動筋搖

二比跟定

秘人成於逸彼敗於勞而作意矜心安望致功於他日則知天下急以得之者未有不終於失之也揠苗者也而倘得謂之有益乎而倘得謂之無害乎然而助之長者方且詡其助之能方且矜其助之術方且悔前日之不助而謂今日之爲益不少也方且幸此時之助而謂異時之獲益無窮也噫是不知氣也是并不知苗也非猶然宋人之故智乎哉夫理之必無者每爲事之或有而謬爲矯拂則聰明幾欲奪天工而情之莫越者何容力之強圖雖别具才能而智巧適以滋愧悔非徒無益而又害之有斷然者莫甚於害其氣之至大也夫氣之大者集乎義助長則無益於氣徒害於

至大至剛兩意驪珠在握處眼獨得

推開一筆合若邈然

自戰不許持寸鐵是何意態雄且傑

題無賸義筆有餘姸常山蛇首尾中無不

義矣氣之大者慊於心助長則無益於氣徒害於心矣助苗之長苗以枯槁而弗榮助氣之長氣以牿亡而日餒蓋其有意以助之者不啻有意以棄之也天下事未可預收其效者類如是耳莫甚於害其氣之至剛也夫氣之剛者志爲帥助長則無益於氣又害於志矣氣之剛者體自充助長則無益於氣又害於體矣以揠爲助揠之者促物之生以襲爲助襲之者致氣之累蓋其全力以助之者不啻全力以遏之也天下事未可強致其功者亦猶是耳而無如彼自以爲有益也而無如彼且以爲無害也豈知鼓其機而機日蹙也培其性而性日漓也噫是不知氣也是并不知苗也則

應節

助長爲徒勞矣則貽害又匪淺矣人可不鑒諸宋人哉

本房加批

不矜才不使氣審題極的入理極精至其一片清機塵封盡掃尤徵文章福澤學問淵源

瀟灑得神
詩中有畫
妙語如珠
鎔鑄儷句

賦得庭中竹撼一窗秋得聲字五言八韻　王汝泗

一帶林亭竹蕭森入夜鳴庭中分綠色窗外撼秋聲簾薄苔痕映橋疏樹影橫光搖青箨碎冷透碧紗清戛玉疑珂響拋珠覺露輕雨餘風有韻人靜月初明剪燭鷄談久抽香鳳尾生御園欣賞處雅奏叶昇平

本房加批

碧海鷺濤詞林鳳彩洵屬廟堂偉器

趙新

字用銘號晴嵐一字蘭卿行一道光癸未年八月十六日吉時生直隸天津府天津縣學廪膳生員纂

始祖亮 前明洪武明經進士任河南懷慶府通判原籍江南永樂二年定籍於順天武清縣

二世祖禹 明宣德邑庠生

三世祖堂 明成化歲貢生候選教諭

四世祖倉 明成化郡庠生

五世祖宗仁 明嘉靖邑庠生

六世祖邦寧 明萬歷附貢生始遷天津

七世祖承業 明崇禎歲貢生樂善好施名載邑志

八世祖嗣普 增廣生長厚稱於鄉里名

八世叔祖嗣抃 邑庠生

高高伯叔祖珍 邑庠生 琳 邑庠生 瑛 增廣生議敘即用縣丞捐輸義田惠及宗黨名載鹽法志 瓚 邑庠生 治 太學生 濬 候選州同 歐 邑庠生 琯 太學生 董 康熙已卯科舉人 仲 康熙壬午科舉人誥贈奉直大夫 晶 太學生

高伯叔祖梁 廩膳生 楫 候選州同 棟 邑庠生 松 國子監肄業貢生 栢 太學生 栗 太學生 桐 果 郡庠生 藻 郡庠生 易 候選從九品 星 增廣生 旭 從九品

溫 雍正癸卯恩科聯捷進士四川邛州知州誥授奉直大夫 南英 邑庠生

棠 邑庠生 楙 邑庠生 椿 臻隆 庚戌科武進士江西橫岡營都閫府 履亨 康熙丁酉科舉人丁未科會試明通直隸正定府井陘縣教諭癸丑科進士候選知縣 東秀 已卯科副榜戊午科舉人壬申科進士 佑璽 庚子科舉人 栘 乾隆壬戌科進士候選知

載邑志

高高祖琛邑庠生浙江嚴州府桐廬縣知縣覃恩貤贈文林郎

高高祖妣氏王覃恩貤贈孺人

高祖樞候選州判浙江湖州府安吉縣知縣覃恩勅贈文林郎

高祖妣氏朱覃恩勅贈孺人歲貢生諱垣公女乾隆丙辰科進士刑部湖廣司主事諱嘉善公姊

曾祖大綬太學生嘉慶元年恩與千叟宴勅封儒林郎

曾祖妣氏朱勅贈安人歲貢生肅寧

縣楷邑庠生

胞高伯叔祖植廩膳生　棻太學生

再從堂伯叔曾祖大觀恩賜八品頂戴　大啟邑庠生　光照庚辰恩科舉人　光燾邑庠生　大永　大任邑庠生　大登太學生　大崙候選主簿　大巖太學生　大鯤邑庠生　大文　大昕太學生貤贈儒林郎　大慶從九品　大猷候選正九品貤贈文林郎　大漳太學生　大熊

大咸從九品　大紳從九品　大鑾　大全　大儒候選從九品　大輅　大端候選從九品　大山太學生　大發　大恩

大年邑庠生　大才

從堂伯叔曾祖大有　大智乾隆丙午科恩貢候選儒學教諭　大謙增廣生　大紱

嫡堂伯叔曾祖大經太學生　大綸乾隆戊子科副榜鑲藍旗教習歷任浙江嚴州

縣儒學訓導諱繼善公女乾隆丙辰科進士刑部湖廣司主事諱嘉善公姪女丙子科舉人山東堂邑縣知縣諱申慶公妹甲午科舉人南宮縣儒學教諭諱有慶公壬辰科進士陝西安塞縣知縣諱恒慶公丁酉科舉人諱兆慶公姊浙江黃巖縣知縣諱大年公姑母廩膳生名啟泰邑庠生名啟源姑祖母

祖墉太學生候選布政司經歷 勅封儒林郎

祖母氏張勅封安人太學生諱大本公孫女太學生諱渤公女邑庠生諱淜諱灝公胞姪女太學生諱廷楨公胞姊嘉慶庚午科舉人諱廷贊公嫡堂姊

父之鐸國學生 例封文林郎

府桐廬縣知縣湖州府安吉縣知縣署理衢州府同知 覃恩敕授文林郎

再從堂伯叔祖城 鈞 詩伯 詩仲 塘 坦 埇

淳 汝璧 汝江 汝淮 汝漢 治平太學生

連晟增廣生 鳳岡從九品 坮候選布政司經歷 勅授儒林郎 麗生太醫院九品吏目加五級 覃恩勅授文林郎 治安 塤 壏 健 億

恩申太學生 恩第候選從九品 恩波太學生 恩印 恩芝

恩崴 恩光 墅 墷 清 漣道光丁酉科亞元庚子恩科進士 欽點 御前侍衛 澄武庠生 濬

從堂伯叔祖堉 培 坡 埏 墀 垚 均 塝

華 奎

堂叔祖壎 埁從九品

胞叔祖墢太學生山西偏關縣知縣 覃恩勅贈文林郎 圻太學生 埰太學生

毋氏葛 例封孺人太學生諱大成公女國學生名墉公邑庠生名堃公胞妹

重慈侍下

嚴慈具慶下

業師

詹老夫子 名渭 廩膳生

王老夫子 名治安 辛卯科舉人

胞叔語樵老夫子 名萬清 邑庠生

伯岳華老夫子 名長[illegible] 嘉慶丁卯科舉人大名府東明縣訓導截取知縣

金老夫子 名鳳池 廩膳生

內廷實錄館校錄 山東候補縣丞

再從堂伯叔 榮湘 熾昌 候選布政司理問例授儒林郎 榮錦

榮銹 榮貴 榮八 榮誠 榮德 紀昌 浙江候補從九品 榮棨 榮懷 榮蔭 榮棠 榮樹 榮翔

榮椿 錫疇 太學生 錫祺 覲榮 附貢生候選儒學訓導 世榮

顯榮 議敘從九品 欣榮 向榮 龍光 太學生 泰昌 鈞

昌 元昌 炳光 榮嘏 榮紱 榮桂 榮蔚

從堂伯叔 榮魁 榮祥 榮祿 榮來 榮之 榮壽

榮昌 榮惠 榮春 榮泰

堂伯叔 之銳 之鉞 之鑠 汝蘭

嫡堂伯叔 之鉽 太學生 恩榮 嘉慶癸酉科舉人丙戌會試大挑一等分發山西歷署崞縣夏縣徐溝縣知縣題補寧武府偏關縣知縣署朔州知州覃恩勅授文林郎 之鈐

課師

薛壽黃老夫子 名闇 太學生

若度張老夫子 名紹齡 嘉慶戊辰恩科舉人現任四川酆都縣知縣

蓮渠汪老夫子 名彭嘉 嘉慶戊辰恩科舉人良鄉縣教諭

恩師

魯堂郭老夫子 名紹曾 道光丙申進士天津縣知縣欽加知州陞銜

立夫陸太老夫子 名建瀛 道光壬午翰林前任天津河間兵備道陞任直隸布政使司布政使

晉榮 鼎銘 議敘從九品

胞伯叔之鐘 候選布政司經歷敕封儒林郎 萬清 邑庠生 德榮

再從堂兄弟斯予 斯蕃 業儒 斯鍾 業儒 斯用 業儒 斯美 幼 德

招 德泰 德興 德慶 鎮官 進官 同官 俱業儒

從堂兄弟慶元 春元 連元 凱元 長椿 長桂 業儒

家模 業儒 家楹 業儒 家楨 幼

堂兄弟吉常 九品 候選從 聯蕚 業儒 聯輝 業儒 聯芳 聯仲 維

藩 維新 桂麟 業儒

嫡堂弟琦璘 業儒

胞弟景醇 出嗣胞伯

從堂姪世彰 世成 世傑 寶貴 俱幼

三

履歷

吾園馮老夫子名芝嘉慶戊辰
翰林現任禮部左侍郎
前順天學政歲試蒙取
童古第一名取入縣學
第五名科試蒙取生古
第四名拔取
一等第二名

娶華氏太學生貤封修職郎諱峻公孫女邑庠生
名長紳公女嘉慶丁卯科舉人東明縣儒學
訓導截取知縣名長震公胞姪女道光辛卯科舉
人名長卿公道光庚子科舉人名長忠公堂姪女
翰林院供事
名承祖胞妹

子文郁幼

鄉試中式第二百三十八名

覆試二等第十八名

會試中式第　名

殿試第　甲第　名

欽點

世居天津帶河門內

三

張雲輝

字阜槎號藝芳嘉慶乙亥年十一月十[illegible]時生
直隸天津府天津縣廩膳生民籍、

始祖洺元
始祖母氏楊
高高祖明倫 勅封文林郎 例贈奉政大夫
高高祖母氏楊
高祖國楨 議敘六品
高祖母氏趙 劉
曾祖墀 國學生
曾祖母氏任
祖廷琦

高高叔祖明鳳 明紀
高伯叔祖國棟 例贈文林郎 國祺 國榮 國柱
曾伯叔祖塏 武庠生 增 坦 誥封奉政大夫 成 澤
嫡堂伯祖廷璠 廷璨 廷璋 廷璉 廷瑞 廷
瑾 國學生例封文林郎 廷瑜 雍正己卯科舉人福建邵武縣知縣 廷佩 廷
璧 廷璽 廷魁 廷珩 廷珍 廷璐
堂伯叔嘉林 嘉會 嘉善 從九品 嘉言 嘉幹 嘉正
嘉槐 嘉材 麟書 邑庠生誥封奉直大夫 尉祖 郡庠生 崇
質 乾隆丙午科經魁候補教諭借補正定府訓導 介士 邑廩膳生 孝泉 太學生 思
訥 學山 邑生 嘉謨 嘉訓

祖母氏劉 雍正壬子科舉人福建霞浦縣知縣諱振佳公胞姪女 庠生諱嘉謨公堂妹

父嘉紹 字盛達

母氏黎 議敘從八品諱明公次女

具慶下

業師

敎儒薛老夫子 名珍 國學生

偉之張老夫子 諱世勛 邑庠生

亦谷黃老夫子 諱如璋 邑增生

朗亭俞老夫子 名際清 邑廩生

胞伯嘉穀 嘉賓 嘉桂

堂弟兄 樹之 乾隆丙午科副榜戊申恩科經魁歷任河南舞陽縣祥符縣魯山縣知縣嘉慶戊辰恩科河南鄉試同考官武鄉試讀卷官署河南汝州直隸州知州 啟之 得之

挺之 國學生 邑庠生 培之 黻之 繼之 顯之 翼之

之 慎之 作之 申之 新之 習之 慶之

延之 鳴之 悅之 起之 睿之 祥之

嫡堂弟兄 敬之 伸之 戒之 藎之 仁芝 義芝

從堂姪 宗雨 從九品 宗翰 議敘六品 景淳 嗣英 廩膳生 鏞芳

希華 源善 景升 景和 裕昆 裕德

景貴 守正 俱業儒

嫡堂姪 聯第 聯登 治平 俱幼讀

從堂姪孫 振鈞 國學生 振銘 候選都司 振鐸 業儒 振采 振聲

膳生庚子科
挑取謄錄
三與徐老夫子諱煋丙子科舉
人
醉六楊老夫子名慎恭邑增
生
恩師
海門帥老夫子諱承瀚順天
學政
吾園馮老夫子名芝嘉慶戊辰
科翰林院編修現任
部左侍郎前任順天學
政
愛堂王老夫子名廣蔭現任

存住俱幼
胞弟雲鵬業儒
娶黃氏邑處士名承安公長女
繼娶馬氏直隸河協連鎮汛千總署河間府守備諱紹良公長女
子聯科業儒聯德幼讀聯甲幼
女一

履歷

工部左侍郎前
任順天學政

備庵汪老夫子 名 元方 號

科順天鄉
試同考官

鄉試中式第六七八名

會試中式第　　名

殿試第　甲第　　名

朝考

欽點

族繁不及備載

世居天津縣東關外河東三甲

陶執中

字與權，號晴初，行九，嘉慶丙子年九月□□日吉時生，直隸天津府天津縣縣學附生，民籍

太高祖諱文獻，由紹興遷居天津

太高祖母氏韓

高祖諱思忠，誥贈奉直大夫

高祖母氏宋，誥贈宜人

曾祖諱景武，誥封奉直大夫

曾祖母氏李，誥封宜人

祖諱丞壽，候選布政司理問，敕授儒林郎

祖母氏周，敕封安人

父名世瑩，國學生，例封文林郎

胞曾伯祖景唐（候選州吏目）　景虞　景闇

嫡堂伯祖丞晟　丞吉　丞慶（國學生）

嫡堂叔祖丞錫　丞裕

胞伯祖丞泰（貤封奉直大夫）

從堂伯世祿　世俊　世棨　世治　世英（郡庠生）　世貴

從堂叔作新（廩膳生，候選巡檢）　以賢

嫡堂伯世惪　世發　世勳

胞伯世琦（國學生）　世瑶（候選從九品）　世珍（候選從九品）

再從堂兄元理　元淳　元樸　元仁　元和　源

屘

母氏盧 諱廷昇公女 誥 誥封奉直大夫

贈奉直大夫諱廷學公

晉封奉政大夫諱廷奉

相公胞姪女 誥封奉

直大夫名起鳳公議敘

從九品名起澐公優廪

膳生名起衡公嫡堂姊

從九品諱起璥公國學

生諱起勛公胞姊布政

司理問名恩詔任江西

武寧縣典史名恩承嫡

堂姑母名恩葆胞

姑母例贈孺人

氏徐 從九品諱紹生公孫女國學生諱顯

達公次女

例贈孺人

庶母氏鄭

嚴侍下

受業師

漢

再從堂弟元澤 元兆 元義儒業 元智儒業

從堂兄元愷 元貞 元壬 元龍 元春

從堂弟元恩

嫡堂兄際昌國學生 際和 際達 際豐國學生 際謙

際華國學生

嫡堂弟際春

胞弟用中幼讀

再從堂姪佩苹 佩勤 啓善儒業 繼善幼 興善幼

從堂姪佩之 佩蘭 佩馨 佩蓮 佩敏 佩華

佩芷 佩芬儒業 佩芳儒業 同和

嫡堂姪振鈞儒業 振鐸儒業 恩承 振銓 善承 克承

蕭中孚夫子名克充 靜海增生

何閬亭夫子名文鎬 丹陽庠生

毋冕廬量五夫子名起衡 優廩膳生

何麗生夫子諱煜 壬辰科舉人

姚玉農夫子名承豐 壬辰科舉人 現充國史館謄錄候選知縣

課師

梅樹君夫子諱成棟 庚申科舉人 原任永平府學訓導

解小亭夫子諱道顯 庚申科舉人 原任廣東永安縣知縣

振銘

從堂姪孫長麟

嫡堂姪孫學瀛

娶劉氏 國學生　貤封奉直大夫名元傑公次女戊
午科舉人　己未考取覺羅鑲黃旗教習原任
雲南羅次縣知縣諱元俊公胞姪女增貢生名廷
珪庚午科舉人辛未拔取　宗室右翼教習原任
山西洪洞縣知縣辛卯科山西
鄉試同考官諱廷璐嫡堂妹

繼娶鄭氏 武庠生諱東山公孫女　恩賜九品銜諱
思直公女甲子科副舉人癸酉考取教習
四川納溪縣知縣諱思齊公郡庠生
名思謨公姪女郡庠生名明晉胞妹

子

女三

二

張若麐夫子 名紹齡 戊辰科舉人 任四川酆都縣知縣

汪蓮渠夫子 名彭壽 戊辰科舉人 前任良鄉縣教諭

郭譽堂夫子 名紹曾 乙未丙申 聯捷進士前任天津分府

陸立夫大夫子 名建瀛 壬午 進士前任天津河間兵備道

彭雲墀夫子 名玉雯 現任長蘆鹽運使司鹽運使

年伯趙子舟夫子 名楫 丙申 進士現任天津河間兵備道

海崑圃夫子名瑛現任天津府知府

受知師

陳宗珊夫子名可珍前任天津縣知縣

恒宜亭夫子名春庚辰進士前任天津府知府

潘芸閣夫子名錫恩辛未進士前提督順天學政

馮吾園夫子名芝戊辰進士前提督順天學政

厲研秋夫子名恩官庚子進士

三

屋
翰林院編修癸卯科
順天鄉試同考官
汪衡甫夫子名本銓己丑進士
順天府府尹甲辰恩
科順天鄉試同考官

鄉試中式第三百五十名
會試中式第　名
殿試第　甲第　名
朝考
欽點

族繁不及備載
住帶河門外西大街

齊世淳 字樸原號介平行一嘉慶甲戌年五月二十二日吉時生直隸天津府天津縣附生民籍

曾祖可道 太學生 誥贈奉政大夫 晉贈中憲大夫

曾祖母氏王 誥封太宜人 晉封恭人

氏王 誥封太宜人 晉封恭人

祖嘉紹 乾隆己亥舉人庚戌會魁軍機章京 歷任江西鹽法道

祖母氏王 誥封太恭人

附錄

胞叔承簡 兩淮運庫大使 承厚 戊辰舉人福建同知 承愷 兩浙鹽場大使 承悌 太學生 承彥 戊子舉人刑部員外郎山東道御史禮科給事中通政司參議現任鴻臚寺卿 承祿 太學生

娶王氏

娶朱氏

子兆第

陳氏 太恭人 誥封

父承榮 附貢戶部山東司郎中 京察一等 欽命戶部坐糧廳 誥授中憲大夫

母楊氏 恭人 誥封

李氏 恭人 誥封

永感下

丙午鄉試中式第二百七十四名

癸丑科大挑一等

分發廣東省即用知縣

族繁不及備載

欽命四書詩題

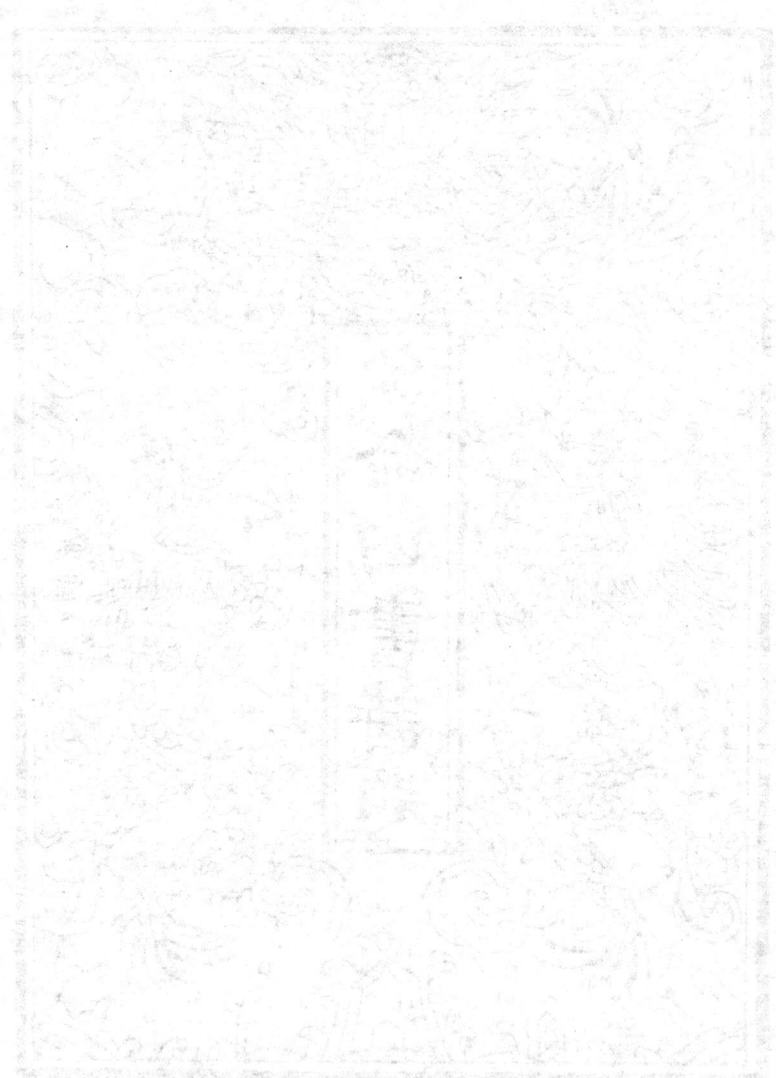

王維珍

始祖時芳歲貢生候選訓導由南昌遷居天津

二世祖承基候選通判誥授奉直大夫

高高祖育德邑庠生

高祖治成附貢生候選布政司經歷

曾祖龍友國學生例贈文林郎

曾祖母氏張例贈孺人

祖恩綸候選州吏目例贈文林郎

祖母氏宋國學生諱伸公女例贈孺人

氏蔣例贈孺人

父晏雲邑庠生

字席叔號蓮西又號顏初行二道光丁亥年九月初一日吉時生直隸天津府天津縣民籍拔貢生禮部七品小京官儀制司兼主客司行走

高高伯祖明德太學生候選州同知加二級誥授奉直大夫

高叔祖鍈太學生候選按察司經歷　鏈邑庠生　鋐郡增生

堂高叔祖鈞廩膳生候選訓導

曾伯祖濬龍太學生議敘州判　聚龍

堂曾伯祖六龍太學生　居敬丁卯科武舉江南鎮海衛領運千總　慶龍

附貢生　龍甲　元龍　八龍

伯祖恩蔭邑庠生

堂伯叔祖允衡乾隆甲午科副榜　作楫　伯相候選州吏目　作棠

恩綬國學生例贈文林郎　恩紱

胞伯叔大年太學生出嗣　雲章道光辛卯科舉人大挑二等歷署篆蠡縣吳橋縣訓導

母氏薛武署騎尉諱景巖公女附貢生廣東鹽知事諱文緯公胞妹

具慶下

庭訓

業師課師恩師

胞叔雲章

華葵生夫子名長忠

章荆帆夫子諱沅

胡爕園夫子名沛

劉硯農太夫子名光第

汪邅渠太夫子名彭

余階升太夫子名堂

李春潭夫子名源

出嗣際雲

嫡堂弟兄觀國　立本　維琨　立達　維琛　維

珺　維珣

堂姪鎮之

胞姊二長適郡庠生張名式仲公長子名體健現任山東福山縣典史次適國學生議敘從九品楊名淇公長子名光第

胞妹一未字

娶陳氏國學生名家楨公女

子逖幼

女一

鄧樵香夫子名湘霖

張秋潭夫子名元

顧棣園夫子名開第

任馥塘夫子名鳳翔

沈蓮叔夫子名拱宸

郭曾堂夫子名紹曾

表兄賀杏艖夫子名嵩齡

崇佩如夫子名綸

楊慰農夫子名霈

張子班夫子名起鵷

錢香士夫子名炘和

趙蓉舫夫子名光

王香圃夫子名闞廣

房師

段春湖夫子 名晴川

匡星陔夫子 名慶榆

鄭柏岩夫子 名士蕙

袁厚庵夫子 名績懋

潘芸閣夫子 名錫恩

馮遜園夫子 諱芝

王菱堂夫子 名慶蔭

朱椒堂夫子 名嶟

訥近堂夫子 名爾經額

顧湘坡夫子 名嘉蘅

王蘅皋夫子 諱芳

花松岑夫子 名沙納

靈薌生夫子 名桂

曾滌生夫子　名國藩
杜筠巢夫子　名翮
赫蓉峰夫子　名特賀
穆鶴舫夫子　名彰阿
孫符清夫子　名瑞珍
柏靜濤夫子　名葰
朱桐軒夫子　名鳳標
季仙九夫子　名芝昌
瑞之生夫子　名常
侯葉堂夫子　名桐
車意園夫子　名克慎
福元修夫子　名濟
和闓莊夫子　名淳

履歷

戴鶴峰夫子 名齡

己酉科選拔會考第一名

庚戌 朝考一等第一名

保和殿覆試一等第一名

籤掣禮部

辛亥恩科鄉試中式第二百三十名

覆試一等第二名

會試中式第　名

殿試第　甲第　名

欽點

族繁祗載本支

世居帶河門內

順天鄉試硃卷 咸豐辛亥 恩科

中式第二百二十一名王維珍 直隸天津府天津縣拔貢生民籍禮部七品小京官儀制司兼主客司行走

同考試官 戶部福建司主事坐辦雲南司事兼稽察兌漕查辦處事務則例館纂修漕運全書館提調現升廣東司員外郎加三級 董 閱 薦

大主考 戶部右侍郎兼管錢法堂事務 實錄館副總裁 上書房行走加三級 翁 批 取

又 批 息深達亹領異標新

大主考 戶部左侍郎兼管三庫事務軍機大臣正紅旗滿洲副都統 十五善射值年旗大臣右翼監督署理右翼總兵署理教習庶吉士加三級 舒 批 取

又 批 筆具錘鑪詞成廉鍔

大主考 經筵日講起居注官吏部尚書 內大臣閱兵大臣翰林院掌院學士 文淵閣領閣事鑲白旗蒙古都統總管內務府大臣管理光祿寺事務加三級 柏 批 取

又 批 超心鍊冶脫手彈丸

大主考 經筵講官 太子太傅協辦大學士管理禮部事務 實錄館總裁 上書房總師傅教習庶吉士加三級 杜 批 中

又 批 靈珠在握慧鏡盈懷

本房總批

第一場

首藝心精力果局正詞醇

次淸晰三朗暢詩雅

第二場

五藝俱滿暢易學尤爲深

邃

第三場

採原竟委持論名通

直刺題窩
一氣旋轉
層折俱到

子曰已矣乎吾未見能見其過而內自訟者也

王維珍

能改過者必自咎、聖人以未見致警焉、夫過能自見、尤期自訟、能自訟、則復於無過矣、夫子慨其終未見也、有過者其警諸、且過之去留亦課其能於一心而已、能惺其心而有以燭之、是非所判、不憚窮原、並能返其心而有以爭之、得失所關、必期制勝、此其心能知過、能敵過、而終能自歸於無過、斯人之砥礪維艱也、聖人之盱衡彌切矣、子學易以求無過、日者玩訟之辭、而殷然曰謀始之方、自治者必亟爲圖也、違行之象、自克者必逆爲制也、人其孰能無

筆情軒豁
爽氣迎人

妥貼排奡
切響舉光
短兵接戰
蹈厲無前
是何意態
雄且傑

過哉人其孰能有過而不安於過哉人迷塗而罔覺不必與言湔洗之功果其幽獨無欺則過固有可確指者旁觀之訶責未加爾室之糾繩已迫神明所判決自問不慊於太刻而其理獨伸逞諸術以多方或且務爲彌縫之策果其愆尤必滌則過有不容少匿者外著未更其常度中藏倍惕以兢懷宥密所糾虔內勘不敢以稍寬而其幾立斷是能見其過者也是能見其過而內自訟者也謂非吾之所亟欲見者哉夫見其過之甫萌如訟之將構見其過之漸至如訟之已成見其過之潛滋暗長如訟之繁與天與人戰理與欲攻性與情爭誠與僞角內爲疚而自爲懲有相持無相下

亦切實亦沖和可謂愜心貴當

有相克無相容且能於過之無實而訟以祛其妄能於過之非公而訟以發其私能於過之紛至沓來而訟以息其反覆以天勝人以理折欲以性平情以誠服僞內爲察而自爲省有果決無優容有嚴明無姑息若是者謂非吾之所亟欲見者哉而竟何如哉必待師友之規而後知過不可留則克治已緩所謂自訟者正無庸助於人也始也搜過之府耳目皆司察之官繼也抉過之叢毫髮無原情之律古之人素行未稱於閭里一旦奮然自贖並不貸勸勉於同儕此其脩吾何獨遇之簡冊也乎必俟箴銘之警而後知過不容貳則省察已疎所謂內自訟者又不必宣諸口也始也發

奸摘伏過之纖細無可逃繼也拔本塞源過之根株有必究古之人小節偶越乎範圍一時清夜自思早已正權衡於片念此其諳吾何弗遭之覿面也乎已矣乎亟欲見者竟未之見乎夫吾所未見而冀其得見也正於人所未能而望其終能也有過者其知之

本房加批

虛實兼到思筆雙清中後精警刻露切理饜心

一矢破的要言不煩

脉理清眞落子鏗然

故君子不動而敬不言而信

王維珍

君子之敬信無所聞可繹詩而得其故矣夫必俟動與言而後徵敬信則爲己之功未密也君子戒慎之心不可即詩言而得其故乎且樞機之發於其已發者謹之何如於其未發者持之持以無懈之神明詎止舉足爲法持以無欺之念慮詎待吐辭爲經道須臾而不離而戒懼之全功可以想爲己之純詣焉詩言相在爾室尙不愧於屋漏夫屋漏靜境也不睹不聞之時即不動不言之時也以言不愧非有敬信之心曷克致此此其故君子知之矣君子知敬爲動之矩然第存一敬心以與動應則未動而其敬安在既

切實發揮其言有物

意義周匝面面圓到

動而其敬安歸乎詩之惓惓於爾度必有宰乎威儀之抑者而德之隅早裕於動作之先敬固不因動而形耳蓋動為事之乘措施時無非敬而晏處時亦無非敬也動為物之接酬酢時無非敬而獨居時亦無非敬也動則敬嚴於履錯不動則敬勵於恒貞爾室中一事未交一物莫覯戒懼之情要自有斂而弗肆者敬之存於未發者然也君子主敬之學何必不以動而彰正不必以動而驗境分寂感而道無分於寂感屋漏而常懍監觀也其神明無時或鄰於懈矣以是知君子之不愧於維則誦詩者可於其敬之所彌綸靜而體之君子知信為言之符然第存一信心以與言期則未

樸實說理如數家珍

故字捫之有稜聽之有聲質能詳人所略風神搖曳

言而其信奚徵既言而其信奚屬乎詩之切切於爾話必有蘊乎謨訓之眞者而德之基早立於言出之始信固不因言而設耳蓋言爲身之文顯質時無非信而退藏時亦無非信也言爲心之聲宣昭時無非信而動蹤時亦無非信也言則信播於渙號不言則信涵於孚吉爾室中一身肅穆一心渾融戒懼之志要自有入而弗渝者信之存於未發者然也君子惇信之學何必不以言而踐正不必以言而廑境殊語默而道無殊於語默屋漏而常堪印證也其念慮無時或涉於欺矣以是知君子之不愧於雜章讀詩者可於其信之所浹洽靜而思之觀君子之敬信無所閒戒懼之全

猶其餘事

功卽爲己之純詣也非入德之君子其孰能與於斯

本房加批

兩大比工力悉敵題蘊畢宣其跟上詩詞不脫故字尤爲脈正理醇匠心獨運

跟上文起妙能曲折赴題緜緜入扣

我亦欲正人心息邪說距詖行放淫辭以承三聖者豈好辯哉予不得已也

王維珍

大賢以聖道自任而申明其不得已焉夫人心不正邪說害之而詖行淫辭且交作也息之距之放之以正人心即以承三聖孟子何容已於辯乎意謂自邪說誣民吾懼而閑先聖之道閑也者閑之以正也閑之以正必盡祛其不正而杜其隙於云爲之際實繫其緒於絕續之交先聖往矣惟持此反正之思以與斯道爲閑則雖知空言無補而有所不容辭亦雖值衆口交譏而有所不遑恤矣如禹與周公孔子此三聖之爲抑爲兼爲驅爲成者豈好爲是

眼光直注題未部位卻在題前是爲神明於法

氣勢浩瀚有蘇海韓潮之觀

勞勞哉不得已也而我則何如我也上未秉宰輔之權而目覩人心之罔惑多爲岐途所誤而莫與綱維觝排攘斥之雄談遂不禁躍躍其欲吐我也下不操筆削之柄而耳聞邪說之沸騰幾致防檢之隳而無與拯救旁遠搜紹之壯志更不覺娓娓其欲陳夫我果何所欲乎我亦欲出孝入悌於人心大爲坊我亦欲居仁由義於人心端其範而無如人心之日漓也邪說之日熾也害政害事詖行成矣歸墨歸楊淫辭縱矣不有以息之距之放之其何以挽人心之不正以歸於正惜也人不生於禹周公孔子之時不見正於禹周公孔子也幸也我得生於禹周公孔子之後可仰承乎禹

跟上懼字墊一筆剔出好字斬斷晶露

俯仰低徊聲情激越子與民救世苦心躍然紙上

周公孔子也欲與三聖善爲承安得不與斯人亟爲辯彼外人者不以爲有所懼而以爲有所好也夫豈然哉曰闢夫詖陷離窮之論而附之者衆攻之者孤羣然以好辯爲孟嫌其勢恒有所不敵惟其勢有不敵而孟愈不能緘其口也邪說踵甚之秋三聖處此度亦與斯人爲灌灌耳狂瀾而旣倒矣孟則安忍恝而置之度外也力剖夫中庸隱怪之分而疑之者多信之者寡雜然以好辯爲孟忌其理幾有所難伸惟其理有難伸而孟愈不能不奮其舌也正道將湮之會三聖云逸孰則警斯人之憒憒乎墜緒而莫尋矣孟則安敢聽其長此終古也不得已也我固有所懼非有所好也

當今之世開人心之不正以歸於正我惟冀三聖之默鑒苦衷而此中差堪自慰也彼目爲好辯者盍亦黜邪崇正勉爲聖人之徒乎

本房加批

紆徐爲妍卓犖爲傑想見三條燭灺得意疾書時也

賦得山色湖光共一樓得庨字五言八韻　王維珍

上苑湖山勝瓊樓啟豁庨晴光看入戶秋色正盈郊拓地連
鼇禁開簾俯鳳巢黛痕皴檻曲水氣瀉屏坳空翠和煙畫明珠
認月抛嵐青松偃蓋波綠柳垂梢列岫窗邊映歸橋屋外捎

清漪邀

茂對雲路彙征茅

本房加批

清新俊逸庾鮑兼長

咸豐元年辛亥　恩科鄉試中式第二百二十一名舉人王維珍恭應

保和殿覆試

欽派閱卷大臣

經筵講官武英殿大學士國史館正總裁兼管順天府府尹戶部三庫管理兵部事務加三級卓

工　部　尚　書　加　三　級王

都察院左都御史鑲藍旗漢軍都統對引大臣管理新舊營房火藥局事務加三級花

都　察　院　左　都　御　史　上書房行走加三級朱

刑　部　左　侍　郎　正　藍　旗　滿　洲　副　都　統　加　三　級　全

內閣學士署工部左侍郎文淵閣直閣事稽察左翼官學加三級杜

内閣學士兼禮部侍郎 文淵閣直閣事加三級戴

公閲進

呈

御覽

欽取一等第二名

○○○○○子曰非禮勿視非禮勿聽非禮勿言非禮勿動

王維珍

詳指爲仁之目杜其非禮者而已夫視聽言動違乎禮即違乎仁矣子以勿視勿聽勿言勿動示之爲仁之目以全嘗思純雜判於一心顧一心之用恆以百體攄之果有以立之閑而精其鑒者無所蔽達其聰者無所壅寡其詞者躁妄胥除謹其度者率履不越斯百體既端一心克正而所以爲仁者不外是矣聞克復之訓而進請爲仁之目夫子曰課諸內而返其本者禮之原也防於外而謹其細者禮之節也子仍求之於禮而已一曰視流視者失之浮

衺視者失之蕩目所注心所存也可勿標其準乎容靡不端有主之精神必定辨靡不晰無方之絢爛弗淆視以禮爲節則視之明也非然者則昧矣視所不宜視固放乎禮之外卽視所不必視亦未慊乎禮之中以勿視止之而離明在抱擬諸燭照之赫焉爾一日聽傾聽者流於佚側聽者鄰於荒入於耳觸於心也可勿定其則乎訓可相承師保箴銘同其佩理堪相證芻蕘葑菲擇其材聽以禮爲節則聽之正也非然者則妄矣禮所不可聽其酧以禮者尙顯禮所可聽其審以禮者尤微以勿聽制之而坎陷宜防擬諸黈纊之聱焉爾言發乎口實則心之聲也以汝博約有年豈復有

難追之舌然而答人有言緩以度之或疑爲訥自述有言疾以出之又失之疏所以嚴其非禮之辨者平昔幾經愼審矣己言有不可對人之言則持其後者淸夜所以有疚心未言有不可對己之言防其隱者幽獨所以有兢心也勿言者愼兌說之幾而雄辯敢有偶逞也敷動現於身實則心所主也以汝服膺有日豈復有未省之端然而觀動於日用安逸之久惰慢中之觀動於周旋嚴謹之至倦怠乘之所以杜其非禮之漸者持循仍在寸衷矣既動而未嘗得咎範圍不過者當然之則何容有悖心未動而思免厥愆繩尺是遵者秩然之度何容有懈心也勿動者得艮止之義而肆

慮敢有或放也歟此由克而復之功也爲仁之目不於是乎全哉

李秉璋

始祖天福字奉三布政司理問 敕授儒林郎自河南武安始遷津邑

始祖妣氏姚安人 敕封

氏趙安人 敕贈

氏王安人 敕贈

二世祖世斌字吉甫貢生 例贈修職郎

二世祖妣氏韓孺人 例封

字瓚伯號筱林行一又行二道光戊子[illegible]月三十日吉時生係直隸天津府天津縣府學[illegible]民籍

曾伯祖澐太學生 溥太學生

曾叔祖湘候選從九品 敕授登仕郎 鴻太學生 例贈修職郎

胞伯祖樹基太學生 貤贈奉直大夫

胞叔祖樹聲太學生 貤封文林郎 長清廩貢生原署正定府藁城縣訓導嘉慶庚申 恩科舉人考取 實錄館校錄選授河南新鄭縣知縣歷任四川屏山銅梁等縣知縣加三級 道光辛巳 恩科鄉試同考官 誥授奉直大夫 樹賁太學生 樹鶴太學生

堂伯祖樹德太學生 贈修職郎 例 樹屏太學生

堂叔祖樹華附貢生 例贈武畧騎尉 樹楷太學生 樹鸞太學生 樹翹

三世祖瑗字仲玉 例贈文林郎

三世祖妣氏林 例贈孺人

氏鄭 例贈孺人

高祖如梅字齊松 貤贈奉直大夫

高祖妣氏龔 貤贈太宜人 康熙癸巳恩科舉人諱聖符公女

曾祖渤字巨川 誥封奉直大夫

曾祖妣氏韓 誥封太宜人 太學生諱棟公次女 敕封徵仕郎諱士錦公胞妹 太學生諱賓公胞姑母 稟膳生名秉虔公祖姑母

太學生樹坊 太學生長棻 歲貢生候選訓導例授修職郎 樹聲

胞伯嘉綏總字采施候選守禦所千總 誥授武德騎尉 嘉紹字衣聞候選都司 誥授昭武都尉 嘉綬總字佩青候選守禦所千總 誥授武德騎尉

嫡堂伯嘉訔 候選守禦所千總 誥授武德騎尉 嘉謨 候選營千總 誥授武畧騎尉 嘉謙 附貢生原任安徽鳳陽府宿州州判歷署定遠靈璧等縣知縣 敕授徵仕郎 嘉書 候選都司 誥授昭武都尉 嘉樂 嘉龢 光祿 原任廣西羅城縣縣丞兼署羅城縣知縣 敕授修職郎

嫡堂叔嘉會 嘉堯 柏年 湖北候補縣丞 敕授修職郎 光謙 向陽 嘉修 慶陽 甘肅候補從九品 敕授登仕郎 光恩 現任廣東韶州府曲江縣典史 敕授登仕郎 桂林 國學生

祖樹榮字向之太學生 誥贈武德騎尉 貤封文林郎 晉贈昭武都尉

祖妣氏趙 貤贈孺人 誥贈太宜人 晉贈太恭人太學生諱大春公胞姊郡庠生名承瀛公胞姑母邑庠生名璧光祖姑母

氏宋 貤封孺人 誥封太宜人 晉贈太恭人邑庠生名栻公胞姑母

父嘉緒字承哉候選守禦所千總 誥授武德騎尉

母氏郭 誥封宜人太學生諱大來公次女

從堂伯豫太學生 青 巖 藻候選從九品例授登仕郎 晉軍功議敘六品銜例授武畧騎尉 中孚郡增生 益謙太學生道光壬午考取恩職候選主簿 例授修職郎蔚 觀廩膳生 鼎 莊 堃 豐

從堂叔咸 耆候選從九品例授登仕郎 壯 蒙 允光 允

中 圻 井 垣 允功業儒 墉 培 允升

胞弟運昌字霽林附貢生候選訓導出嗣佩青胞伯 奉璋字士林候選布政司理問

嫡堂弟耀璋字煦林候選布政司理問 玉璋字崑林國學生 錫璋字藝林業儒

從堂兄伯抑生 兆蓉邑附生 仲誠國學生 鈞 元珍

宗莊

從堂弟仲平附貢生 宗敬 元璋 叔泰邑增生 宗恭

二

嘉慶丙子科舉人諱大釐公姪女道光壬辰恩科副榜名紹庭公堂妹廩膳生名春瀛姑母

具慶下

蒙業師

衣聞胞伯課讀

李秋原夫子名昀嘉慶己卯科舉人道光壬午恩科會試挑取謄錄歷任福建安溪永定等縣知縣甲辰恩科會試同考官

表叔韓敬軒夫子名秉虔廩膳生

宗誠 維鎬 元璞 宗順 維珍 鈺 承惠

維銘 承厚 維容 承翰 承楓 宗誠 士

瀛俱業儒 士勤 士泰俱幼

再從堂兄祖望 霖望國學生 符望國學生 隆望 承望

淑銘 珍望佾生 康泰 湯銘 聯望

再從堂弟康和 漢銘 康順 庭望 興祖 文

錦 文鈺 文銓 雄 名得 錫霖 錫靄

錫霈 厚望

嫡堂姪大癸業儒 英魁幼讀 元升幼讀 恩奎幼

從堂姪鍾綸 春元 春明 春彩 鍾瑞 鍾秀

張松巖夫子 諱毓善 郡庠生

葉杞山夫子 名汝堂 庚子科副榜壬子科舉人

姑丈俞朗亭夫子 名際清 恩貢生庚子科挑取謄錄現任平鄉縣教諭

王松翹夫子 名治隆 增廣生

受知師

王薇堂夫子 諱廣蔭 癸未榜眼 原任順天學政工部尚書

程楞香夫子 名庭桂 丙戌進士

鍾俊 俱業儒 鍾芳 鍾彥 春慶 俱幼

再從堂姪汝田 議敘從九品 硯田 洛田 鈞 俱業儒 瑞麟

迎元 順 市 俱幼

堂姪孫廕棠 廕桐 俱幼

娶王氏 附貢生候選州同 誥封宣武都尉諱萬松公孫女候選衛守備加一級 誥授宣武都尉諱紹曾公長女光祿寺署正名觀墀胞妹候選守禦所千總名觀義布政司經歷歷銜候選府經歷名觀宸胞姊

子金奎 幼

女二 俱幼

履歷

都察院左副都御史前任順天學政

張詩舲夫子名祥河庚辰進士

現任吏部左侍郎順天學政

鄉試中式第九十八名

正大光明殿覆試

欽定二等第十五名

會試中式第　名

殿試第　甲第　名

朝考第　等第　名

欽點

族繁不及悉載

世居天津帶河門外沿河頭舖

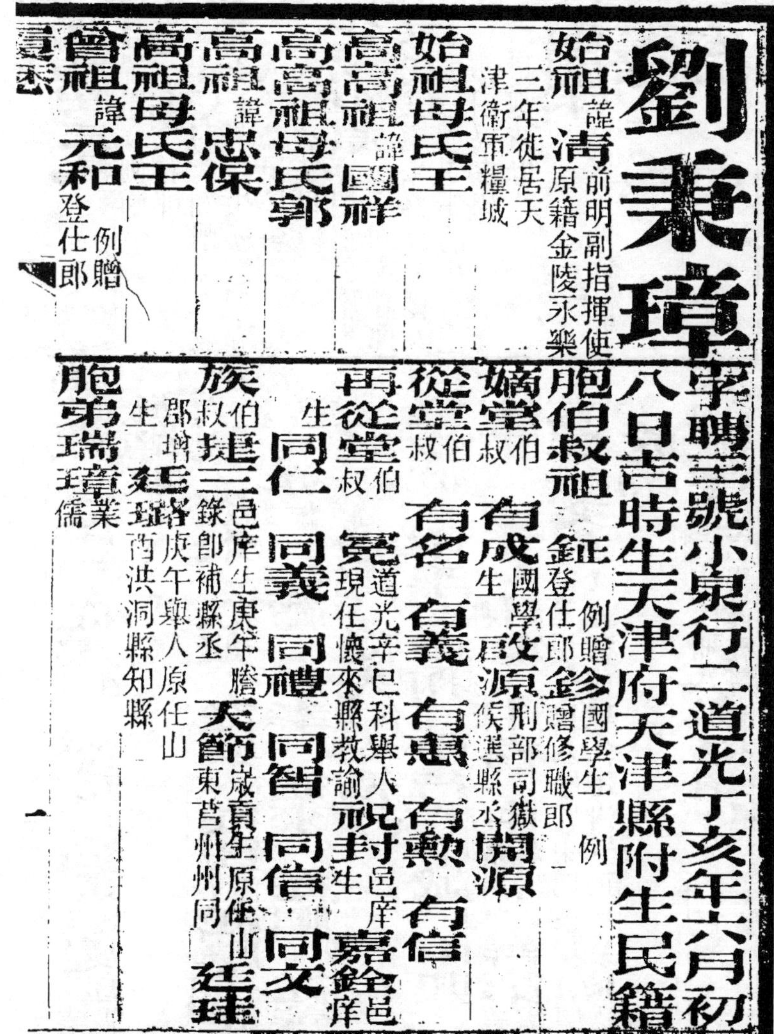

劉秉璋

字聘三號小泉行二道光丁亥年五月初八日吉時生天津府天津縣附生民籍

始祖 諱清 前明副指揮使原籍金陵永樂三年徙居天津衛軍糧城

始祖母氏王

高高祖 諱國祥

高高祖母氏郭

高祖 諱忠保

高祖母氏王

曾祖 諱元和 例贈登仕郎

曾[illegible]

胞伯叔祖 鈺 例贈登仕郎 鈞 國學生 例贈修職郎

嫡堂伯叔 有成 國學生 啟源 刑部司獄 生 開源 候選縣丞

從堂伯叔 有名 有義 有惠 有勲 有信

再從堂伯叔 寬 道光辛巳科舉人現任懷來縣教諭 祝封 邑庠生 嘉銓 邑庠生 同仁 同義 同禮 同智 同信 同文

族伯叔 提三 邑庠生庚午膳錄郎補縣丞 天節 歲貢生原任山東莒州州同 廷瑾 郡增生 廷璐 庚午舉人原任山西洪洞縣知縣

胞弟 瑞璋 業儒

曾祖母氏馬

祖 諱鏑 例贈文林郎

祖母氏魏 例贈孺人歲貢生候選訓導人龍公邑庠生人鏡公姑母

父 名溥源 字泉正邑庠生例贈文林郎

母氏王 處士盛公公長女國學生清和公胞妹國學生梓星胞姑母

具慶下

業師

庭訓

嫡堂兄弟 從雲 從震郡庠生 德璋 寶璋業儒 慶璋業儒 獻璋業儒

從堂兄弟 從燮 從發 從興 從寬業儒 從厚 從聖 從仁 從禮 從孝 從秉 從順 從善 從庠業儒 從壽 從先業儒 從教業儒

再從堂兄弟 中孚 中和 中行 中誠 中興 中正 中才 中旺 中喜 中樞國學生 春舒業儒 虎拜業儒 文華道光甲午舉人歷署東明東光縣教諭現任定州學正 紉蘭廩膳生 庭蘭

族兄弟 毓達附貢生候補八旗官學漢教習 瑞彬貢士候選巡檢

心畬黃老夫子諱紹鼎邑庠生

地山曹老夫子印鳴謙廩膳生

棠伯武周老夫子印寬道光辛巳恩科舉人現任懷來縣教諭

邁珩蕭老夫子印寶善道光壬午科舉人候選知縣

薇卿趙老夫子印興廉道光己酉科舉人

胞姪 之醇

嫡堂姪 之綱 之紀 之範 之維

從堂姪 作舟 作楫 作梅

再從堂姪 作霖 作礪 作訓 作哲 作乂

作福 作謨 作肅 應棠 樸 椿 槐

柟

娶喬氏都司職銜勅授昭武都尉廷颺公長女守備職銜培之公嫡堂孫女

子 之栽業儒

履歷

恩師

橄堂朱老夫子〈印 尊己卯 岫進士〉

前任順天提督全省學政蒙取入泮現任戶部

左侍

郎

鄉試中式第九十九名

會試中式第　名

殿試第　甲第　名

欽點

族繁不及備載

周作新

字養醇號鶴峰一號竣峯行四道光壬午年二月二十八日吉時生直隸天津府天津縣府學附貢生民籍

高祖起鳳

高祖妣氏李

曾祖士祿 文林郎 例封

曾祖妣氏于 孺人 例贈

祖道 文林郎 例封

祖妣氏羅 孺人 例贈

父文彩 文林郎 例封

母氏賈 孺人 例贈

曾叔祖士壽 士俊

叔祖憕 曾 惠 義 順

胞叔文實 文彬

堂叔文傑 文瑞 文萌 文德 文江 文奮

文炳 文安

胞兄瀚

胞弟濤 業儒

嫡堂兄淳 邑庠生 灝 郡庠附貢生 候選訓導

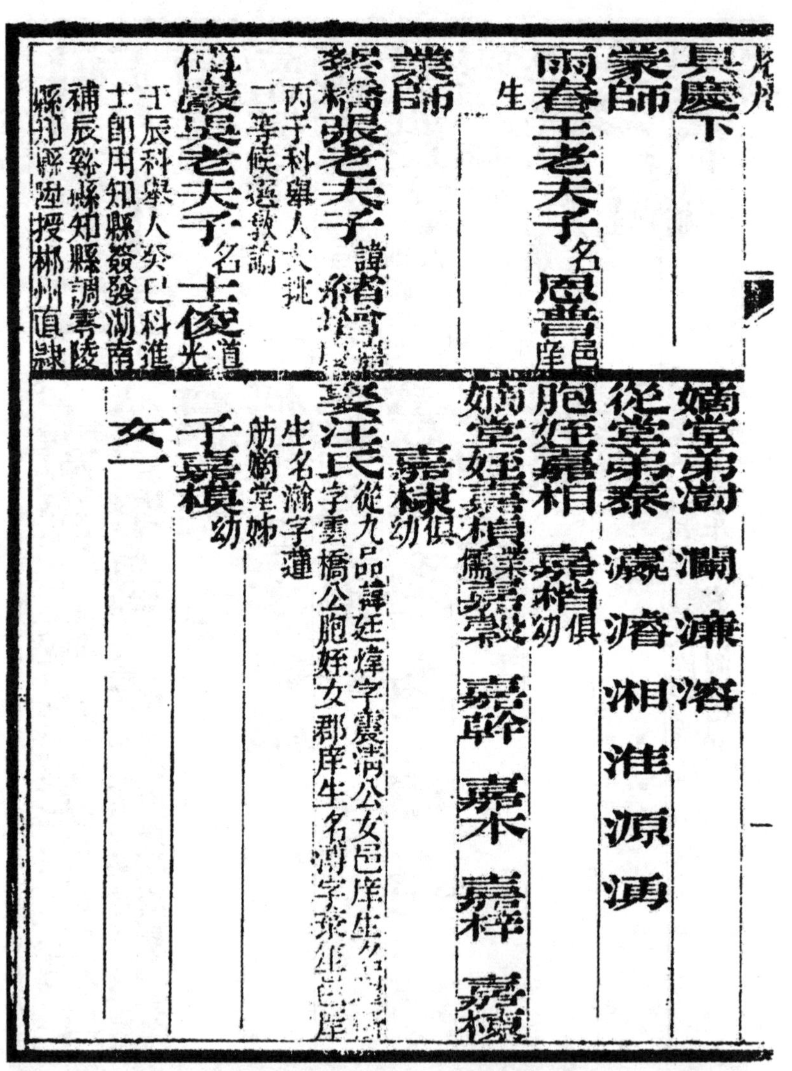

長慶下

業師

雨春王老夫子名恩晉邑庠生

業師

欽錫張老夫子諱省[illegible]系[illegible]丙子科舉人大挑二等候選教諭

竹巖吳老夫子名士俊道光壬辰科舉人癸巳科進士即用知縣簽發湖南補辰谿縣知縣調零陵縣知縣陞授郴州直隸

嫡堂弟 澍 瀾 濂 溶

從堂弟 泰 瀛 濬 湘 淮 源 湧

胞姪 嘉相 嘉楷 俱幼

嫡堂姪 嘉楨業儒 嘉穀 嘉幹 嘉本 嘉梓 嘉櫰

嘉棣 俱幼

娶汪氏 從九品諱廷煒字震清公女邑庠生名[illegible]字[illegible]生名瀚字蓮舫嫡堂姊 字雲橋公胞姪女郡庠生名溥字竑生邑庠

子 嘉櫝 幼

女 一

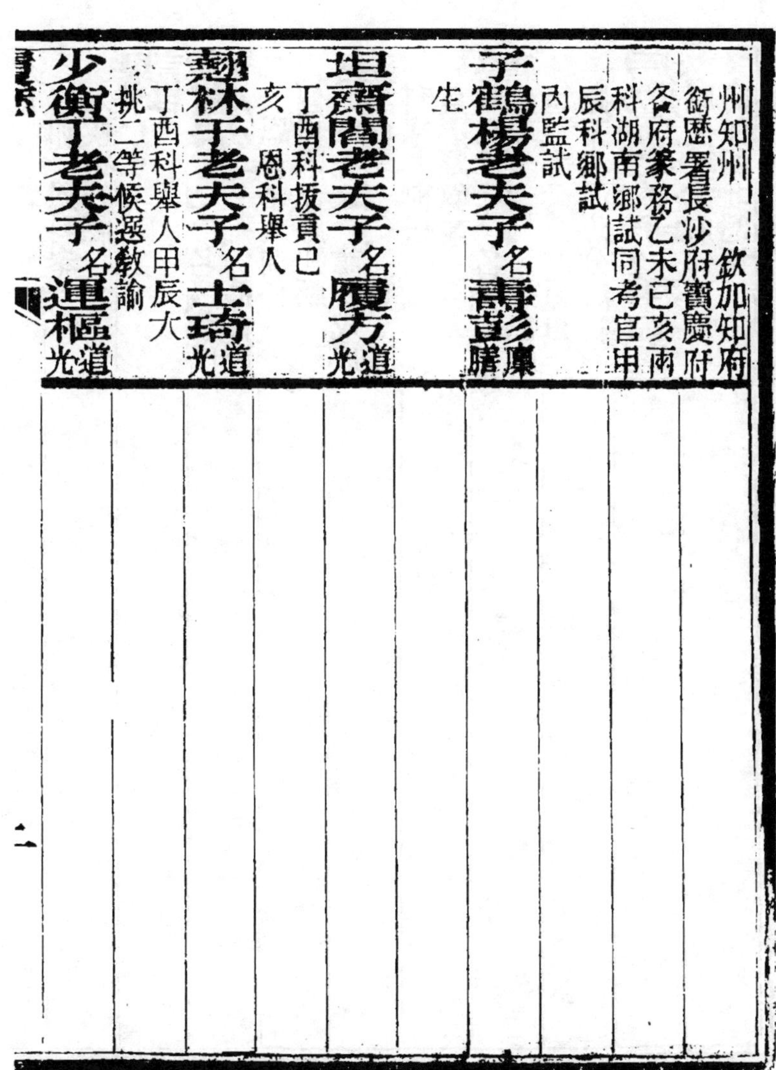

州知州　欽加知府
銜歷署長沙府寳慶府
各府篆務乙未己亥丙
科湖南鄉試同考官甲
辰科鄉試
内監試

子鶴楊老夫子　名壽彭　廩膳
生

埴齋閻老夫子　名履方　道光
丁酉科拔貢己
亥　恩科舉人

翹林于老夫子　名士琦　道光
丁酉科舉人甲辰大
挑二等候選敎諭

少衡丁老夫子　名運樞　道光

二

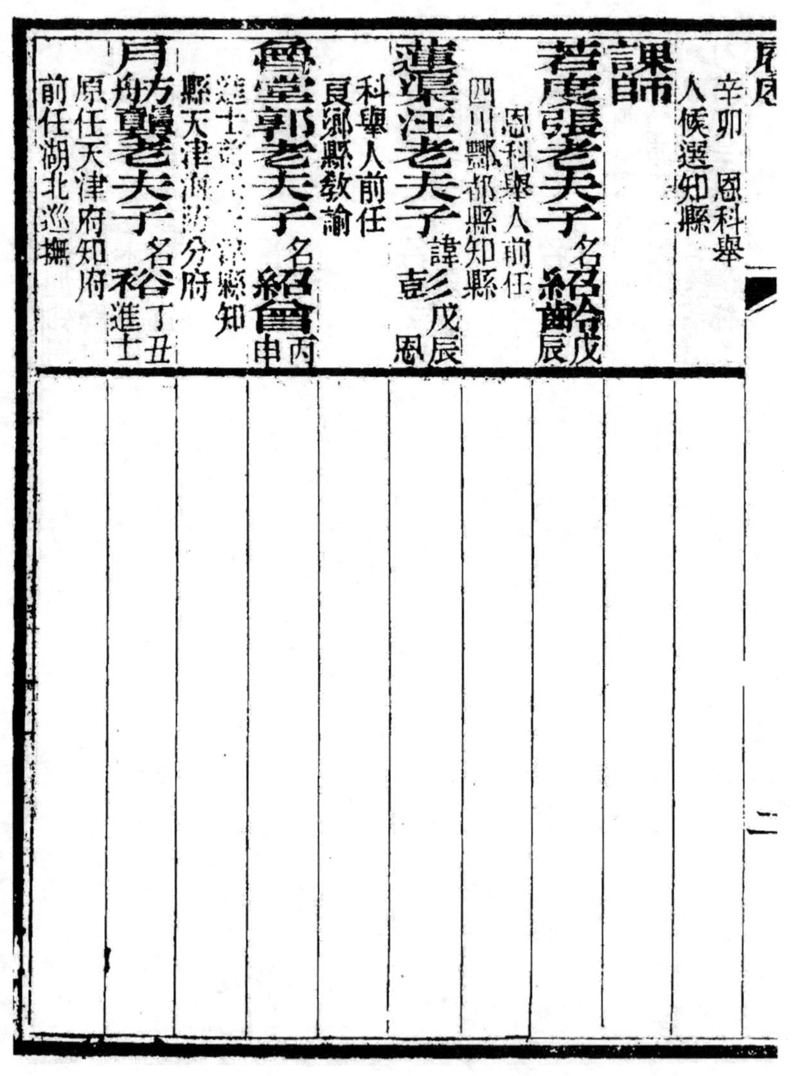

辰
辛卯　恩科舉
人候選知縣

課師

若虞張老夫子　名紹齡　戊辰
恩科舉人前任
四川酆都縣知縣

蓮漁汪老夫子　諱彭　戊辰　恩
科舉人前任
良鄉縣教諭

魯堂郭老夫子　名紹會　丙申
進士前[illegible][illegible]縣知
縣天津海防分府

月舫鄭老夫子　名裕　丁丑　進士
原任天津府知府
前任湖北巡撫

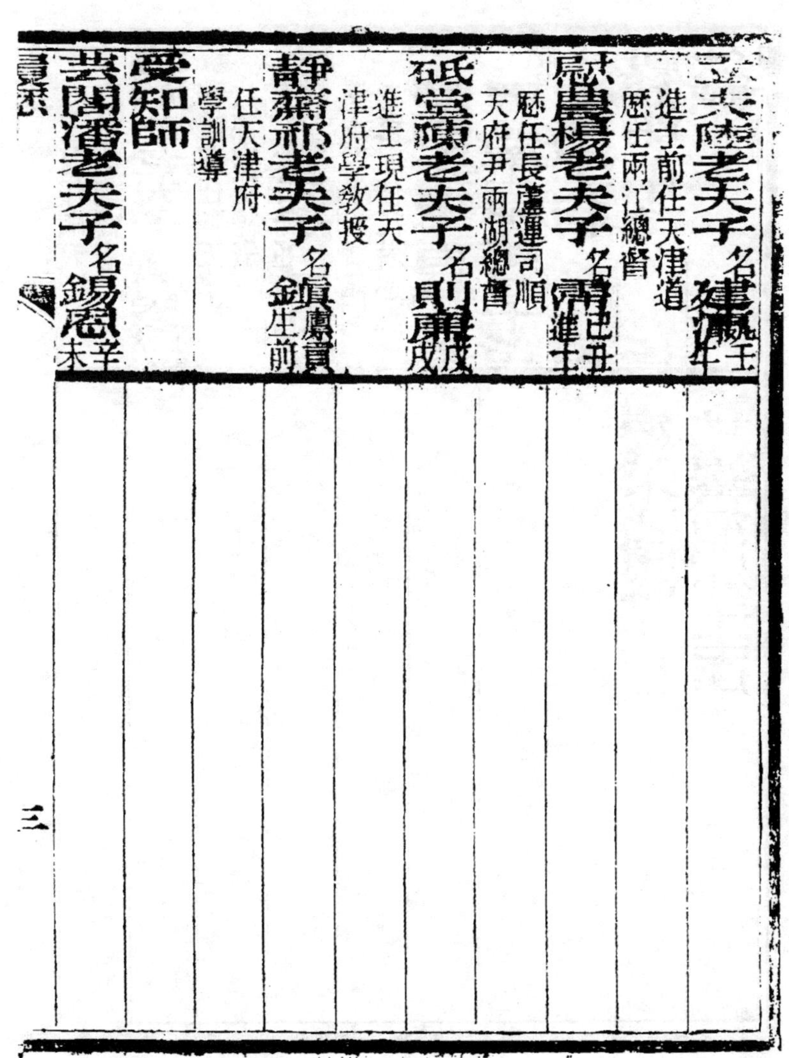

立夫陸老夫子 名建瀛 壬午進士前任天津道歷任兩江總督

慰農楊老夫子 名霈 己丑進士歷任長蘆運司順天府尹兩湖總督

砥堂顏老夫子 名則廉 戊戌進士現任天津府學教授

靜齋祁老夫子 名鎮 廩貢生前任天津府學訓導

受知師

芸閣潘老夫子 名錫恩 辛未

三

藝王老夫子諱廣蔭 癸未進士前任順天學政南河總憲 榜眼前任順天學政都察院總憲

信臣許老夫子名乃釗 乙未進士丙午科鄉試同考官前任江蘇巡撫

鄉試中式第一百五十九名

覆試第三等第二十名

會試中式第　名

殿試第　甲第　名

欽點

族繁不及備載

世居帶河門外王庄

三

辛標

字蘊孫，號康田，一號璧香，行六。道光丙戌年九月三十日吉時生。直隸天津府天津縣副榜貢生，民籍。前充鑲紅旗、正藍旗官學教習，癸丑科考職候選州同。

始祖盛 前明永樂二年從軍調補天津授耆壽官遂家於津以從軍故衛志所載誤盛爲勝原籍山東萊州府即墨縣

二世祖海

三世祖寶

三世祖妣氏王 李

四世祖鈛 前明授耆壽官 勅贈文林郎

四世祖妣氏彭 勅贈孺人

二世伯叔祖寬 洪 亮

四世伯祖鉞

五世叔祖國祚 國祥

六世伯叔祖念勛 衛庠生 念育 武庠生 念楚 武庠生 念是

六世堂叔祖念善

太高高伯叔祖毓泗 毓慶 毓科

高高伯叔祖峋 岱 寄籍宛平

高伯祖儼

高堂伯叔祖文魁 文龍 文亮

履兄

五世祖國運 前明歲貢生山東長清縣教諭擢直隸順德府唐山縣知縣 敕授文林郎

五世祖妣氏姜 孺人 敕贈

氏孫 孺人 敕贈

氏劉 孺人 敕贈

六世祖念恒 前明禮部儒士

六世祖妣氏劉 苦節宋旌載入衛志

辛氏一綫賴劉以存

太高高祖毓洙 前明衛庠生 公三歲而孤性至孝承慈訓奮志讀書[illegible]

子員而[illegible]

[illegible]

曾祖伯叔纘先 緒先 紹先 開 乾隆戊子科解元辛卯科進士即用知縣

胞曾叔祖繩先 國學生

堂伯祖述曾 衍曾 醫

嫡堂伯叔祖光曾 國學生 學曾

胞伯祖仰曾 候選同知誥授奉政大夫

胞伯叔彤 國學生 泗 出嗣長門 閏 國學增廣生軍功六品職銜例封文林郎 潤 生 澐 潭

堂伯叔享 從九品分發山西署甯武府經歷猗氏縣典史 淳 潔 濤 增廣生 漣 淮

瀛

從堂伯浩 清 泳 瀾

嫡堂兄弟棠 棻 榮 貢生甲寅科考取八旗教習 桂 榦 樂 業儒

杰 楣 業儒 樾

太高高祖妣氏宮

氏劉

高高祖天相

高高祖妣氏張

高祖俠歲貢生誥封奉政大夫

高祖妣氏于誥封宜人

曾祖繼先國學生誥封奉政大夫

曾祖妣氏趙誥封宜人

祖顯曾字蘊亭歲貢生例敕封儒林郎

封文林郎

祖妣氏黃郡增生諱如珪郡庠生諱如璋公姑母甲午科舉人諱縣芳公姑祖母敕封

堂兄弟桓 楨 樞 椿 楷 楫 鳳梧 鳳桐

樹 柟 鳳林

從堂兄森 樟 棫 彬

嫡堂姪光熊 文煥 元焜儒業 元焌儒業 元燮 元煦

元熙 元焯 元焞 元耿 元煐

從堂姪文傑幼讀 文俊幼讀 文偉 元燦

再從堂姪文煜 文焜 文煇 文燈 文熹 文

勳

娶金氏乾隆己卯科舉人井陘縣訓導諱思誠公曾孫女乾隆壬子科舉人文安縣訓導諱紹驥公姪孫女國學生諱印曾公女

繼娶宋氏郡庠生名棫公長女

子啟圖幼讀 啟賢幼讀 啟文 [illegible]

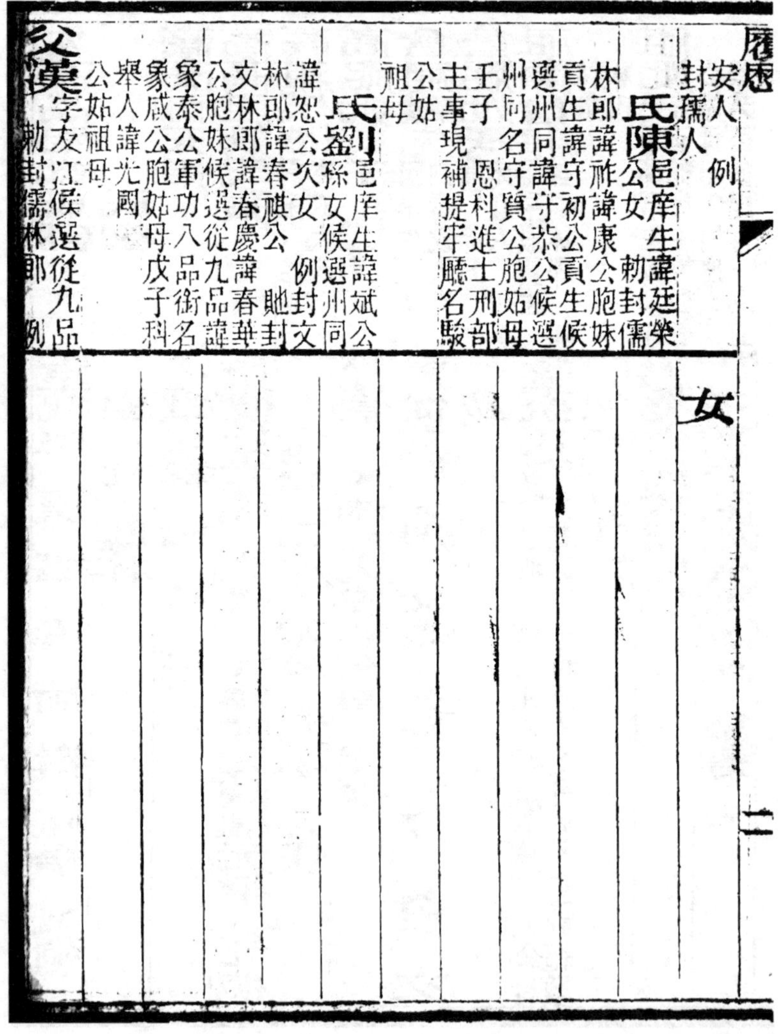

安人　例
封孺人
陳氏邑庠生諱廷榮
公女　勑封儒
林郎諱祚諱康公胞妹
貢生諱守初公貢生候
選州同諱守恭公候選
州同　名守質公胞姑母
壬子　恩科進士刑部
主事現補提牢廳名駿
公姑
祖母
劉氏邑庠生諱斌公
孫女候選州同
諱恕公次女　例封文
林郎諱春祺公　貽封
文林郎諱春慶諱春華
公胞妹候選從九品諱
象泰公軍功八品銜名
象咸公胞姑母戊子科
舉人諱光國
公姑祖母
父漢字友江候選從九品
勑封儒林郎　例

女

封文
林郎
母氏劉
候選從九品例
封文林郎貤贈
武德佐騎尉諱佐清公
女誥封武德佐騎尉
諱熊光公辛巳恩科
副榜癸未科考取八旗
教習候選知縣諱龍光
公胞妹候選守禦所千
總名毓樹
公胞姑母
國學生候選州吏
氏凌
目諱鑛公女邑庠
生諱文蔚公軍功九品
銜名文㮾軍功九品銜
名文英公
嫡堂姉
慈侍下
業師
庭訓

胞伯介波夫子 名澐 增廣生軍功六品職銜例封文林郎

堂伯松崖夫子 名濤 增廣生

李小江夫子 諱宗城 丁酉舉人

孫琴溪夫子 名毓清 廩膳生

朱芸閣夫子 諱照 歲貢生

陸壽甫夫子 諱光錫 壬辰舉人

余階升夫子 諱堂 癸酉舉人廣東從化縣知縣歷署大浦電白縣知縣佛山同知

華慎五夫子 名典 丙子舉人歷任山西霍州忻州直隸州知州署蒲州府知府

課師

鄧樵香夫子 名湘霖 庚午舉人
前任廣西横州知州
秦誼亭夫子 名炳文 庚子舉人
癸丑大挑二等候選教諭
任馥棠夫子 名鳳翔 乙未己亥
癸卯副榜本科舉人安平縣教諭
顧湘坡夫子 名嘉衡 庚子翰林
河南南陽府知府甲辰順天鄉試同考官
張若庚夫子 名紹齡 壬午舉人
四川鄷都縣知縣
汪蓮渠夫子 諱彭 戊辰舉人 欽
加同知銜

厲恩

李春潭夫子 諱源 乙卯副榜原任
銜花全省督糧道

年伯高寄泉夫子 名繼珩 戊寅舉人大名縣
教諭候選知縣

陳砥堂夫子 名則廉 戊戌進士
天津府儒學教授

郭賢棠夫子 名紹曾 丙申進士
前任天津府河防同知

鄭柏賡夫子 名士蕙 丁未進士
直隸保定府新城縣知縣

彭雲墀夫子 名玉雯 己卯舉人
前任長蘆鹽運使司鹽運使
欽加布政使銜

陳雲莊夫子 諱燿庚 己丑進士 原任天津府知府

沈蓮叔夫子 諱[illegible][illegible] 癸未進士 原任長蘆鹽政

孔誠甫夫子 名慶鏞 丙申進士 雲南按察使司按察使

雷西園夫子 名維翰 庚子翰林 湖北荊宜施道

趙子舟夫子 名楫 丙申翰林 前任天津河間兵備道

王芷汀夫子 名[illegible] 乙未進士 宗人府主事

蕭質齋夫子 名境亮 壬子翰林 候補詹事府贊善

蔡[illegible]楨夫子 名紹洛 壬午進士 天津府知府 欽加道銜

楊慰農夫子 名霈 己丑進士 前任長蘆鹽運使司鹽運使湖廣總督

瑛蘭坡夫子 名棨 前任長蘆鹽運使司鹽運使現任河南布政使司布政使

鏊晉士夫子 名炘和 乙未進士 天津河間兵備道江蘇按察使司按察使

年伯張子玨夫子 名[illegible] 前任天津道 欽加布政使銜陞任順天府尹

覺羅海寬圃夫子名瑛長蘆鹽運使司鹽運使欽加按察使銜

受知師

陳鍾山夫子名可珍戊寅舉人前任天津縣知縣

恒宜亭夫子名春庚辰進士前任天津府知府現任雲貴總督

潘芸閣夫子名錫恩辛未翰林前任順天學政

馮吾園夫子諱芝戊辰翰林前任順天學政

黃樹齋夫子名倬庚子翰林甲辰

房師

順天鄉試同考官

趙岵存夫子 名昀 辛丑湖 林上

書房行走甘肅甘涼道

丙午順天鄉試同考官

許雲生夫子 名振禕 庚子翰林

己酉順天鄉試同考官

羅蘿村夫子 名文俊 壬午探花

工部左侍郎甲辰順天鄉試大主考

張蘭芷夫子 諱澧中 丁丑進士

刑部右侍郎山東巡撫甲辰順天鄉試大主考

杜芝農夫子 諱受田 癸未傳臚

協辦大學士晉贈太師賜謚文正甲辰

順天鄉試

大主考

曾滌生夫子名國藩戊戌翰林

禮部右侍郎丁未考試教習閱卷大臣

王菽堂夫子諱廣蔭癸未榜眼

原任工部尚書丁未考試教習閱卷大臣

瑞芝生夫子名常壬辰翰林吏部

左侍郎丁未考試教習閱卷大臣

李夢韶夫子名鈞庚辰翰林刑部

右侍郎東河河道總督癸丑考職大主考

花松岑夫子名沙納壬辰翰林

吏部尚書癸丑考職大主考

徐梅樵夫子名澤醇庚辰進士

禮部尚書癸丑考職大主考

履歷

甲辰恩科鄉試中式副榜第四十名

丁未科考取八旗教習第十三名

己酉科挑取謄錄

恩　詔　考　職

欽定第一等第二名

鄉試中式第一百八十八名

正大光明殿覆試

欽　定　二　等

會試中式第　　名

殿試第　甲第　　名

朝考第　等第　　名

欽點

族繫祇載本支

世居帶河門外鍋店街

陳价坪

字坦衢號桂山一號平齋行九道光乙酉年正月十五日吉時生直隸天津府天津縣縣學廪膳生民籍

太高高祖雲字鵬漢

太高高祖妣氏孟

高高祖其昌字卜五

高高祖妣氏楊

高祖起鳳字鳴岡

高祖妣氏朱

曾祖萬倉字慶亨例贈文林郎

曾祖妣氏劉例贈孺人

祖慶文字龍章從九品例贈文林郎

祖妣

胞叔祖廣德從九品

胞伯煜國學生

嫡堂叔炳邑庠生

胞兄乃新國學生出嗣胞伯　价墉郡庠生

堂弟价勳府學增廣生　价垣　价翰府學廪膳生　价増　价城

俱業儒

胞姪栢年業儒　逢年幼讀　壽年幼

嫡堂姪松年議叙七品銜

堂姪椿年幼

歷

祖妣氏劉 例贈孺人

父熙 字子春國學生 例贈文林郎

母氏王 例贈孺人國學生諱郁文公女國學生諱右庚公胞姊

繼母氏柴 例贈孺人

繼慈侍下

庭訓

業師

郁文楊老夫子 諱寶書 邑庠生

象亭馮老夫子 諱作新 處士

嫡堂姪孫緝祖 幼讀

娶王氏 候選縣丞諱郁田公孫女從九品名國慶公胞姪女從九品名國華公長女議敘七品銜一名槐英公胞妹

子延年 幼讀

女

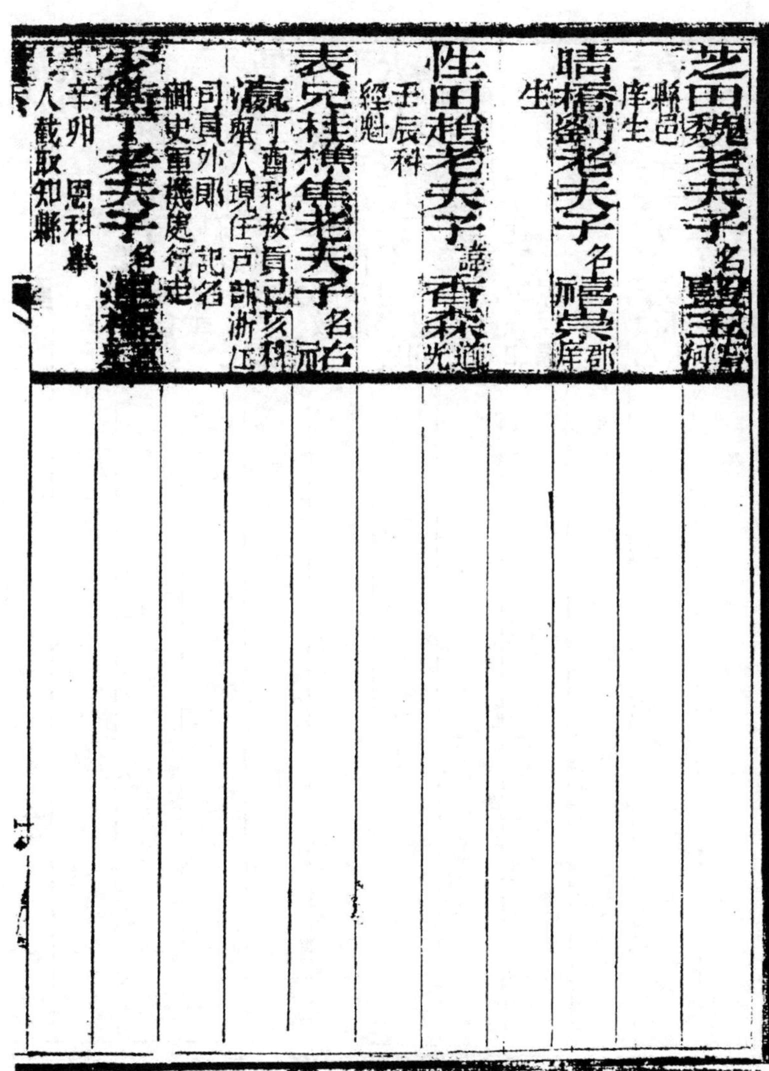

芝田魏老夫子 名[illegible] 河[illegible]縣邑庠生

晴橋劉老夫子 名禧崇 郡庠生

陸田趙老夫子 諱蕃森 道光壬辰科經魁

表兄桂樵熊老夫子 名右瀛 祁[illegible]丁酉科拔貢己亥科舉人現任戶部浙江司員外郎 記名御史軍機處行走

家衡丁老夫子 名[illegible] [illegible]辛卯恩科舉人截取知縣

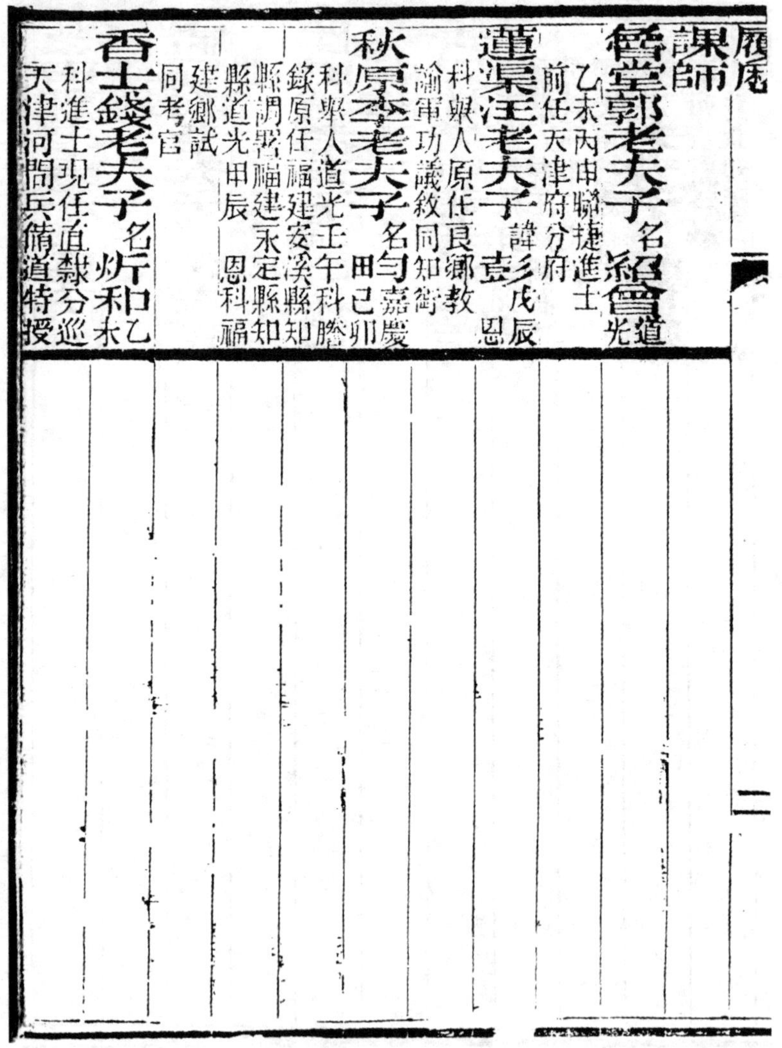

歷届課師

筱堂郭老夫子 名紹曾 道光乙未丙申聯捷進士前任天津府分府

蓮渠汪老夫子 諱彭壽 戊辰恩科舉人原任良鄉教諭軍功議敘同知銜

秋原李老夫子 名勻田 嘉慶己卯科舉人道光壬午科謄錄原任福建安溪縣知縣調署福建永定縣知縣道光甲辰恩科福建鄉試同考官

香士錢老夫子 名炘和 乙未科進士現任直隸分巡天津河間兵備道特授

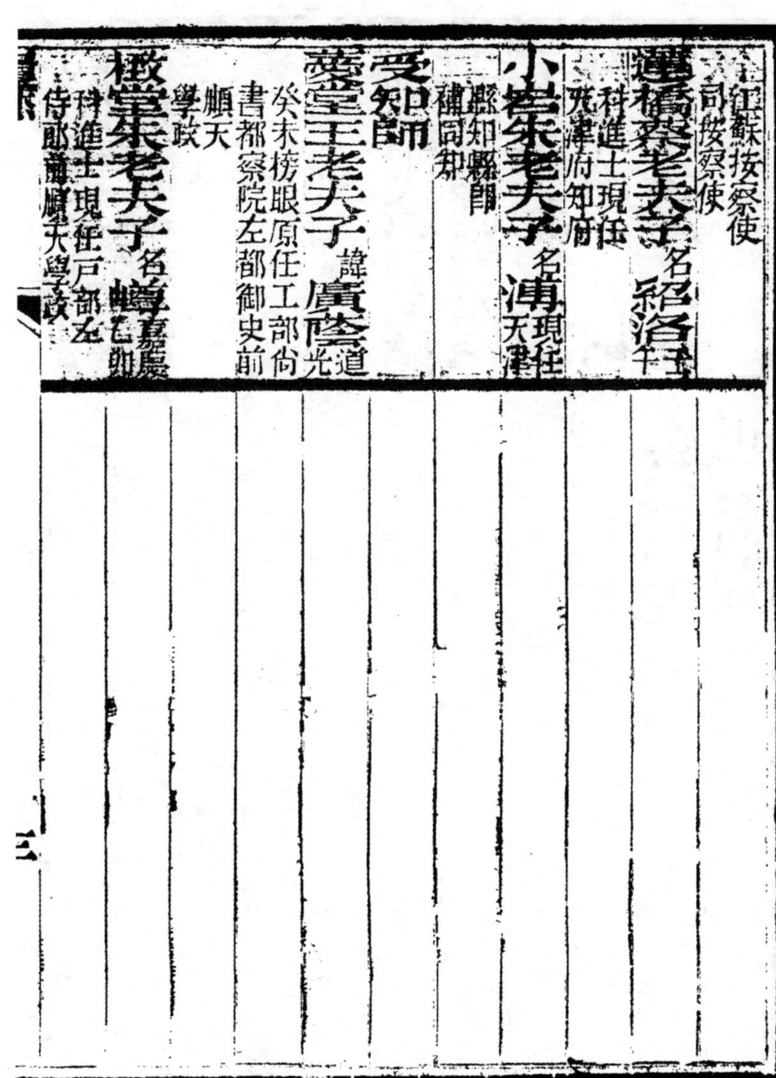

江蘇按察使
司按察使
遷橋秦老夫子 名紹洛 壬
科進士現任
天津府知府
小岩宋老夫子 名溥 現任天津
縣知縣即
補同知
受知師
蓉堂王老夫子 諱廣蔭 道光
癸未榜眼原任工部尚
書都察院左都御史前
順天
學政
檄棠宋老夫子 名嶧 嘉慶己卯
科進士現任戶部左
侍郎兼順天學政

三

履歷

詩舲張老夫子 名祥河 道光丁卯科舉人庚辰科進士現任吏部左侍郎順天學政

鄉試中式第一百八十九名

正大光明殿覆試一等第　名

會試中式第　名

殿試　甲第　名

朝考第　等第　名

欽點

族繁祇載本支

世居帶河門外

王恩沛

字仲潁號閬仙又號谿橋行十八道光乙未年十一月十二日吉時生直隸天津府天津縣廩膳生民籍

北遷始祖玉明 字觀光號利賓處士

始祖妣氏田

繼始祖妣氏賈

高祖永富 字友仁號寶善處士

高祖妣氏張

曾祖國柱 字右卿號信然行四 貤贈武德騎尉天津鎮標舊州營守備

曾祖妣氏雷 貤封宜人

繼曾祖妣氏張 貤封宜人

祖廷釗 字鈺照行九誥封武德騎尉天津

胞叔高祖永貴 字能門 永吉 字謙之其字壽齋號祉山

胞曾伯祖國相 字正卿行一 國臣 字公卿行二

堂伯祖廷鎮 字民威行一 廷鎧 字維揚行二 廷鍈 字敦五行三 廷銳 字進亭行四 廷錫 字君龍行五

胞伯祖廷鋐 字寶興行六 廷鉞 行七早世 廷鐸 字金聲行八 廷鏜 字金耀行十貤封武信騎尉天津城守營北馬頭汛把總

從堂伯文智 字哲圃行一北遷承德府健昌縣 文義 字質夫行二 文逢 字呈祥行三 文興 字茂生行四 文忠 字省一行五 文鵬 字萬里行六 文德 字性菴行七 文藻 字春熙行九 文虎 字欲三行十 文禮 字子和行十一 文洲 字鳳池行十二 文彪 字式山行十三 文煥 字習善行十四 文桂 字泳山行十五

鎭標舊州營守備

祖妣氏汪誥封宜人

父兆龍譜名文蔚字化成號豹君又號在田行四國學生屢薦未售貤封武信騎尉天津城守營楊柳青汛把總例贈文林郎著有化成集槐桂書屋雜錄孝經文稿

母氏張國學生諱經公長女九品銜諱廷元公胞姊貤封安人例封孺人

慈侍下

庭訓

業師

饒汀俞老夫子諱渭處士

嫡堂伯文升字啓華行一　文山字清雲行三天津鎭標存城外委　文廣字德潤行四　文魁字利三行一　文堯字凱三行二

胞伯叔文通字興權行七欽賜六品銜例授承德郎勅封武略騎尉文安汛千總誥封武德騎尉山海路中軍守備正定鎭左營中軍守備軍功藍翎賞加四品銜例授朝議大夫　希舜譜名文順字紹虞行二由行伍歷升天津鎭標舊州營守備歷署祁口營都司采育營都司河工賞戴藍翎誥授武德騎尉晉封昭武都尉　文運字叔閑號煥章行三貤封武德騎尉通永鎭山海路中軍守備軍功出力賞戴藍翎復因連鎭凱撤保奏奉旨賞加四品銜並賞換花翎例授朝議大夫　文達字翰香行五貤封武德騎尉正定鎭標左營中軍守備軍功藍翎並賞加四品銜例授朝議大夫

從堂兄恩輔字來衡　恩名字子揚　恩亮字月川　恩擢字鸞識　恩超字越齋　恩福字臨五　恩樞字瑞瓛　恩普字振寛　恩利字关軒議敍七品銜　恩來字鳳儀　恩錫字春及

嫡堂兄仲三夫子名槐

健菴曾老夫子名久勤天津縣學廩膳生甲辰丙午鄉試薦卷

飛泉郭老夫子名夢熊天津商學增廣生

雅堂王老夫子諱彬吉增貢生候選訓導

子和荆老夫子名洵誠癸卯科舉人大挑一等知縣

庚山金老夫子名鳳洲己酉科舉人軍功議敘儘先選用知縣

竹坡孟老夫子諱鳳來辛卯

堂兄恩佐字輔之 恩慶字惠峰 恩榮字召遠 恩蔭字椿軒 恩誠字樸齋 恩樹字培之 恩佩字蘭閣 恩濤字心齋天津城守營記名外委軍功六品頂戴 恩成字玉齋

嫡堂兄弟恩溥少殤 恩洪字普霑武庠生由行伍歷升通永鎮山海路中軍守備調補正定鎮左營中軍守備歷署天津鎮左營中軍守備四黨口營守備出師連鎮軍功賞戴藍翎部選福建邵武營都司候選遊擊例授武翼都尉 恩裕字衣谷號雲波馳封武信騎尉大沽營左哨頭司把總候選州同例授承德郎 恩泰字階平早世 恩湧少殤 恩溶字小樵由行伍考拔大沽營左哨頭司把總現任河間協肅甯汛把總因天津得勝口打仗出力奏 旨賞戴藍翎以千總儘先升用 例授武畧騎尉 槐譜名恩詔字子純號仲三壬子科優貢軍營出力保舉州判復以連鎮凱撤保奏奉 旨賞給五品頂戴 賞戴花翎以知縣儘先選用現選廣東南雄州始興縣知縣例授奉政大夫恩沛受業 恩承字繼棠軍功六品銜 例授承德郎 恩熙字承齋候選縣丞議敘通判 例授承德郎 恩桐字鳳洲河營外委出軍營出力

歷屆科舉人乙未丁未會試薦卷

壽芳宗室慶老夫子名祺己丑科進士翰林院庶吉士賞戴花翎現任泰寧鎮總兵兼總管內務府大臣欽加都統銜花尚阿巴圖魯

坦齋閻老夫子名履芳丁酉科拔貢己亥科舉人

鶴泉匡老夫子名源丁酉拔貢己亥庚子聯捷進士翰林院編修上書房行走兵部右侍郎調補吏部右侍郎

恩師

蘐堂王老夫子名檉書甲辰

改補天津城守營河東汛經制外委軍功六品銜以把總升用例授武畧騎尉恩波字晴瀾由行伍考拔左營經制外委軍營出力拔補天津城守營北瑪頭汛把總軍功六品銜以千總升用例授武畧騎尉恩浩字靜菴議敘六品銜候選布政司理問例授承德郎恩[illegible]字雨春業儒議敘六品銜恩培字植庭業儒恩渥字晉三業儒

胞兄恩澤字潤亭號雨人增廣生

從堂姪世新　世卿軍功六品頂戴　世瑞　世安　茂林譜名世均天津左營記名外委軍功六品頂戴　世貴　世選　世善　世隆

世豐　世勳　世賢　世祥

再從堂姪世太　世雄　世平　世英　世祿　世

常

堂姪世華業儒　世楨業儒　世俊業儒　世芳業儒　世傑業儒　世棟業儒

世儒幼讀　世康幼讀　世芸幼讀　世偉幼讀　世彬幼讀　世蘭幼讀　世

科進士現任定州直隸州知州前任天津縣知縣考列前茅

香士錢老夫子 名炘和 乙未進士現任天津河間兵備道軍功賞戴花翎鹽運使銜前任天津府知府考列前茅

楞香程老夫子 名庭桂 丙戌科進士前任都察院左副都御史提督順天學政入學宗師

禹亭沈老夫子 名大謨 辛丑科進士前任翰林院檢討現任山西直隸州知州壬子順天鄉試同考官薦卷房師

詩舲張老夫子 名祥河 庚辰

棨 世儀 世康 世樾 世苣 世倬 俱幼

胞姪世璉 幼

再從堂姪孫大麟 大望 大經 大綸 大綱

大淳 大敏 大年 大猷

妻金氏 布政司理問銜諱湧公孫女郡庠生諱肇甲公三女附貢生現任長垣縣儒學訓導名進公胞妹

子世瑜 幼

女一 幼

恩
科進士現任吏部右侍
郎提督順天學政若列
一等
宗師

鄉試中式第二百九十三名
正大光明殿覆試一等第　名
會試中式第　名
殿試　甲第　名
朝考　等第　名
欽點

旗籍不及備載
世居天津衛安門鈴鐺閣西大街

華椿

字蓉軒一字榮先號鶴卿行一又行五道光庚寅年十一月初二日吉時生直隸天津府天津縣增貢生民籍

始祖維援前明附監生嘉靖間由無錫來隨從祖嵩峯公天津道任遂家天津

二世祖承節

三世祖祿

太高祖天禧

太高祖妣氏張

高祖擧例贈儒林郎

二世伯叔祖承德　承志　寬祺

三世伯叔祖國瑞前明撫標守備　廷秀　廷贊　廷貴

從堂太高伯叔祖天正　天祥候選同知誥封朝議大夫　天祉

天祚　天武

嫡堂太高伯叔祖天爵候選州同例封儒林郎　天鎮候選從九品

胞太高伯祖天裕廩貢生候選訓導

堂高伯叔祖嵩　崑　岱　宮　嶙候選同知敕授奉政大夫

歷

高祖妣氏王 孺人 例贈

氏薩 孺人 例贈

曾祖治 國學生 封承德郎 例

曾祖妣氏王 孺人 例封

氏王 孺人 例封

祖維典 國學生 封承德郎 例

祖妣氏隼 孺人 例封

本生祖維翰 誥封奉直大夫

本生祖妣氏劉 誥封宜人

氏諸 誥封宜人

嫡堂高伯叔祖岳 岡 巒 國學生 壽

曾伯叔祖曼 太學生 芝 貤贈修職郎東明縣訓導 昇 出嗣 振 太學生 申 候

從九品 藹 乾隆庚子科舉人充四庫全書館謄錄武英殿校對選任安徽全椒含山五河等縣知縣安慶府江防同知 旻 二品封奉直大夫布政司理問加二級 翰 章

堂曾伯叔祖漢 連 文溥 文澤 文潤 文濤

文洽 涵 鑑 濵 元淳 候選州同 貤封奉政大夫 郎 勅封儒林

龍光 庠生 文瀾 文溪 文溶 文澆

從堂曾叔祖金坤 金城

胞曾伯叔祖濱 誥封奉直大夫 津 勅封儒林郎 漢 例贈修職郎

伯叔祖巖 峻 太學生 勅贈儒林郎湖南桂陽州州同 衡 嵩 太學生 山

氏馮 宜人 誥封

氏梁 宜人 誥封

父耀祖 國學生 例封徵仕郎

母氏陳 候選州同知諱康公女候選州同知

諱守恭名守貴公胞妹己酉科舉人壬子恩

科進士刑部主事現任提牢廳名駿公胞姑母

具慶下

庭訓

業師

于晴嵐夫子 名光泰 庚子恩

昆 岡 文林郎例封 岳 太學生 國 生太學 棠 太學生修職郎奉天開 貤贈

原縣公議敘從 訓導淞九品 亭 州同候選 嶧 生太學 岑 議敘從九品 翹 太學 瀛 學

生 均 候選布政司理問 杲 墀 候選布政司理問

堂伯叔祖 如棟 希堯 阜 如椿 如桐 如桂

希舜 楷 琮 如梁 生庠 永一 永植 永純

永桂 永模 永相 森 如棠 敕贈文林郎 貤封奉政大

夫 如棣 文林郎 敕贈 如楠 生庠 如栻 永泰 伯楙 伯

洪 伯泉 永森 永彬

堂叔祖春

嫡堂伯叔祖 維猷 直大夫 誥封奉 維謨 文林郎 敕授

二

歷

科舉人揀發湖南同知

王彬亭夫子 名文質 廩貢生候選訓導

劉曉山夫子 名鳳喈 甲午科舉人甲辰大挑二等現任肥鄉縣教諭

張書田夫子 名式芸 甲辰恩科舉人癸丑大挑二等前任隆平縣教諭

胡一峯夫子 名士彥 乙未科舉人甲辰大挑二等候選教諭庚戌科挑取謄錄

課師

伯叔 長春 太學生 長雯 嘉慶丁卯科舉人東明縣訓導湖南桂陽直隸州州同署臨武縣知

縣 長綸 邑庠生 長桂 長愿 議敘六品銜 長遠 長蔭 二

長本 長序 議敘從九品 長卿 道光辛卯恩科舉人現任奉天開原縣訓導

長忠 道光庚子恩科舉人癸丑大挑候選教諭 長芳 邑庠生 長慶 長

庚 議敘從九品 長吉 邑庠生 長慎 太學生議敘五品銜 長僉 長安

廩膳生 長信 長志 長忘 長英 議敘六品銜 長憲

長際 長儒 長羔 登鼇 長尉 長順 長

森 長福 長新 太學生 長城

堂伯叔 烜 國學生 敕封文林郎 誥封奉政大夫 煓 炳 烈 敕贈文林郎 照

國學生 敕封文林郎 誥封奉政大夫 鐸 鈺 錦 銅 仁 璋

楊愨農夫子 名霈 己丑科進士湖廣總督前任長蘆鹽運使司鹽運使

錢香士夫子 名炘和 乙未科進士現任天津河間兵備道前護理長蘆鹽運使司鹽運使現任江蘇按察使司按察使

張子班夫子 名起鵾 前任宛天津河間兵備道順天府府尹

王香國夫子 名蘭廣 丁酉科拔貢前任天津縣知縣

謝雲舫夫子 名子澄 壬辰科舉

玲 琮 璽 珺 和謙 福謙 六謙 萬謙

隆謙 應堯 應期 應昌 應武 應鶴科

應盛 應魁 應文 應斌庠生 應春 珍 瑤

琛 長坙 長志 長及 長椿 長中 長清

長泰 長凝 長富

從堂伯琪誥封奉直大夫 瑨浙江候補批驗大使 勅封修職郎 琳勅封承德郎

理道光乙酉科拔貢望都縣教諭前任浙江桐鄉縣知縣署諸暨縣知縣 勅授文林郎

嫡堂伯經廷勅授武畧騎尉 緒祖勅授武畧騎尉

胞伯仰祖國學生 勅授武畧騎尉

兄弟承緒 承組 承紱 承露 承霖太學生 光霈邑庠

三

歷

人欽加布政司銜賞戴
花翎前任天津縣知縣
瑛蘭坡夫子名棨現任河南布政
使司布政使前任長
蘆鹽運使司鹽運使
海崑圃夫子名瑛現任長蘆鹽運
使司鹽
運使
蕭賓齋夫子名培元壬子恩
科進士翰林院編修
候補詹事府贊善
王芷汀夫子名盈甲午乙未聯捷
進士宗人
府主事
陳硯堂夫子名則廉戊戌科進

生承訓太學生　承儀　承志　承俊　鼎元邑庠生
光第　承瀛　承祚　復光太學生　承瀚　光鑾
光甌　承湛　承烈　承禧　承運　光葆　光
閎　承漢　承勛　承壽　光錫俱業儒
堂兄弟典嘉慶丙子科舉人大挑一等歷任山西趙城
聞喜陽曲等縣知縣霍州忻州直隸州知州
署蒲州府知府　封附貢生候選訓導　賁墀國學生　鳳墀國學生　玉墀道光
辛巳恩科舉人大挑一等歷任山東福山昌
邑蓬萊嶧縣知縣署陝西大荔西鄉縣知縣　玉
鳴增貢生候選訓導　玉衡國學生　奕庠生　致嚴　致中　致和
致隆　致興　致元　致富　致奉　致恭
致敬　士英　士葵議敘從九品　雲彪營千總　雲鵬　翥

三

士現任天津
府學教授

汪遵渠夫子 諱彡戊辰科
壴舉人前
任豆谿縣教諭
欽加同知銜

恩師

王藝堂夫子 名廣蔭癸未
科榜
原任工部尚書
前任順天學政

繼善 朗 俊 英 超 光萌 光裕 光

培 光耀

從堂兄樹附貢生軍功議敘長候選布政光煒候選
弟樹六品銜賞戴藍翎集司理問光燦光祿

寺署貞 玉牒館議敘國學光藻道光辛亥恩
正楨敘候選典史樽生科副榜鑲紅旗

官學教習棫邑庠樸業
候選知縣生儒

嫡堂兄棠前任河南商樾候選衛楓議敘從楷 桂
弟水縣典史千總九品

文炳 文煥 文燿員業
儒

堂姪銓 銳 鑑 銑 錫 鎰 鑅道光癸卯科
舉人壬子

恩科進士工部英前陝西布政司庫大勻辛亥
都水司主事金使現山西候補知縣金恩科舉

人
錞 鑄 桂壽 銘 錫慶 篤慶 恩綸

四

乙卯鄉試中式副榜第四名

鄉試中式第　名

會試中式第　名

殿試第　甲第　名

欽點

桂芬　桂森　恩繹　桂馨　桂芳

從堂姪向榮候選府經歷　映辰候選鹽知事　俊庵增貢生候選訓導

錦雲候選典史　恩來　恩第　恩吉　恩采　恩禧業儒

嫡堂姪絅　珠　平俱業儒

從堂姪孫宗惠　宗彥　宗蓮　宗醇　宗常俱業儒

從堂姪曾孫鳳

妻胡氏候選布政司理問名濟民公次女廣東候補鹽知事歷署小江惠來雙恩各場大使名柄

乾公嫡堂妹

子傺恄　傺淳

女一